FRIEDERIKE COSTA

VIER IN SÜDFRANKREICH

Roman

Originalausgabe

WILHELM HEYNE VERLAG
MÜNCHEN

HEYNE ALLGEMEINE REIHE
Nr. 01/9579

Redaktion: Werner Bauer

Printed in Germany 1995
Umschlagillustration: Sibylle Hammer, München
Umschlaggestaltung: Atelier Ingrid Schütz, München
Satz: (2271) IBV Satz- und Datentechnik GmbH, Berlin
Druck und Bindung: Ebner Ulm

ISBN 3-453-08896-4

1. Kapitel

»Da vorne ist es ja schon, schau, dort!« Rieke lehnte sich weit aus dem Seitenfenster des Range Rover und las laut den Schriftzug, der in dunkelgrüner Farbe quer über den Giebel des lachsrosa gestrichenen Landhauses gezogen war.

»Auberge Au Bouquet Lavande.«

Dann schrie sie laut gegen den Fahrtwind »Hallo, Auberge Au Bouquet Lavande, wir kommen!« und ließ sich lachend wieder in den Sitz fallen.

»Ich finde, du benimmst dich reichlich albern«, sagte Charly.

»Wieso? Ich freue mich ganz einfach. Diese Reise habe ich mir zwanzig Jahre lang vergeblich gewünscht. Einmal zur Lavendelblüte in Südfrankreich sein!« Sie lehnte sich wieder hinaus, sah zu dem Landhaus hinüber, das nun halb hinter ein paar Krüppeleichen verborgen lag, und sagte: »Und nun bin ich hier. Es ist irgendwie, als käme ich nach vielen Jahren in der Fremde endlich wieder nach Hause. Ich glaube, ich habe hier schon einmal gelebt...« Sie lachte, als sie Charlys irritierten Blick sah. »In einem anderen Leben natürlich!«

Charly brummte irgend etwas von blödem Quatsch. Rieke verstand ihn nicht genau und fragte auch nicht nach. Sie hatte sich fest vorgenommen, sich ihren Traumurlaub nicht durch seine ewige Finstermiene verderben zu lassen. Sie wollte das leuchtende Strahlen der Sonne, den gauloise-blauen Himmel und das sengende klare Licht dieser Landschaft genießen, das schon einen Van Gogh bezaubert und am Ende sogar in den Wahnsinn getrieben hat. Aber was wußte Charly schon von Van Gogh und ihren Träumen. Hauptsache, er hatte seine Reitstiefel und seinen Range Rover bei sich und genügend Bier in erreichbarer Nähe, wenn ihn der Durst überfiel.

Sie bogen in den Hof des ›Au Bouquet Lavande‹ ein. Hinter dem Haus ging gerade zwischen zwei Bergkuppen die Sonne unter und tauchte den Horizont in ein seltsam unwirkliches Rot. Es sah aus, als hätte eine Riesenhand mit ein paar Pinselstrichen den Himmel bemalt. Links neben der großen Steintreppe zum Haus wuchs ein mannshoher Busch mit weißen Blüten, die das Abendrot einfingen, als hätten sie sich für einen Sommernachtsball Rouge aufgelegt, und sogar das Wasser des Swimmingpools, der hinter einer Hecke von Lavendelsträuchern still im Abendlicht lag, schimmerte dunkelviolett.

Kaum hatte Charly die Handbremse gezogen, sprang Rieke auch schon aus dem Wagen. Der Kies unter ihren Füßen war wie mit riesigen Kämmen glattgezogen und knirschte bei jedem ihrer Schritte.

»Es ist wunderschön hier!« rief sie, »noch viel, viel schöner, als ich es mir erträumt hatte!«

»Bon jour, Madame, das freut mich aber, daß es Ihnen bei uns so gut gefällt.« Die freundliche Stimme ließ Rieke herumfahren. Sie gewahrte das sympathische Lächeln einer etwa sechzigjährigen Frau, die über ihrem aschblonden Haar, das zu einem altmodischen Knoten im Nacken gebunden war, einen etwas bizarr wirkenden Sonnenhut aus Stroh und Seidenblumen trug.

»Ich bin Isabelle Constant und darf Sie ganz herzlich in meinem Haus begrüßen«, sagte Madame in gutem Deutsch. Sie streckte Rieke die Hand zum Gruß hin und nickte dann Charly zu. »Haben Sie eine angenehme Reise gehabt, Monsieur Leyendecker?«

Der Name Leyendecker bereitete ihr einige Schwierigkeiten. Sie sprach ihn Lä-i-hendecker, wobei sie das H halb verschluckte. Es klang charmant, und Rieke mußte lachen. »Leyendecker«, verbesserte sie und sprach ihr den Namen langsam vor, so, als ließe sie jede Silbe auf der Zunge zergehen.

Madame Constant versuchte es ein paarmal, gab dann endgültig auf und meinte: »Ach, am besten, ich nenne Sie

Madame Rieke und Monsieur Charly, so mach ich das ohnehin mit den meisten Gästen.«

Madame nahm eine von Riekes Reisetaschen und entschuldigte sich. »Paul, unser Hausdiener, ist leider seit gestern krank. Er hat einen ganz schrecklichen Hals, ganz dick hier und hier.« Sie griff sich an die Kehle. »Darum müssen wir die Koffer selbst in Ihr Zimmer bringen, ich hoffe, Sie sind nicht böse?«

»Aber nein, natürlich nicht«, sagte Rieke und warf Charly einen drohenden Blick zu, weil er ein Gesicht zog wie zehn Tage Regenwetter und noch immer kein einziges Wort gesagt hatte. Was sollte Madame von ihm denken! Etwa die Wahrheit, daß er ein ungehobelter Bauer war und kein bißchen Anstand besaß?

Das Zimmer, das Madame Constant für sie bereitgehalten hatte, war mit schweren antiken Möbeln eingerichtet. Rieke war begeistert und fühlte sich sofort wohl. Die Eichenkommode mit drei Schubladen, darüber der große Spiegel in handgeschnitztem Rahmen, der zweitürige Kleiderschrank mit den wertvollen Kupferbeschlägen, das große Bett, über das sich ein Baldachin aus Spitze und Gaze wölbte, Leinenwäsche mit Monogramm und Zierbänder, auf denen dunkelblaue handgestickte Blumen prangten.

»Gefällt es Ihnen?« fragte Madame Constant und öffnete das Fenster.

»Wunderbar! Einfach traumhaft! Ich komme mir vor wie im Märchen«, antwortete Rieke.

Madame nickte zufrieden. »Leider gibt es im Zimmer nur ein Waschbecken, Dusche und Toilette sind auf dem Flur. Aber das hatte ich Ihnen ja bereits geschrieben.«

»Ja, ja, das ist schon in Ordnung. Vielen Dank, Madame Constant, wir kommen schon zurecht.«

»Gut, dann lasse ich Sie nun alleine. Um 19 Uhr treffen sich die Gäste im Kaminzimmer zum Aperitif, das ist gleich unten, rechts neben der Treppe. Um 20 Uhr etwa gibt es dann Abendessen. Ich hoffe, Sie kommen zum Aperitif?«

»Bestimmt«, versprach Rieke und nickte Madame Constant zu, bevor diese die Tür hinter sich schloß.

»Die Gäste treffen sich zum Aperitif«, äffte Charly Madame Constant nach. »Und dann das hier!« Er machte eine weit ausladende Handbewegung. »Das reinste Museum! Du glaubst doch nicht etwa, daß ich hier meinen sauer verdienten Urlaub verbringe?«

»Wird dir aber gar nichts anderes übrigbleiben, wir haben für zwei Wochen fest gebucht. Du hast selbst unterschrieben! Und außerdem ist es vor allem *mein* sauer verdienter Urlaub!«

Rieke sah ihren Mann an, der ihr wie ein häßlicher Fremdkörper in dieser Idylle vorkam, und plötzlich traten ihr Tränen der Wut und Enttäuschung in die Augen. Die Hochzeitsreise – vier Tage Berlin vor fast siebzehn Jahren – war der letzte Urlaub, den sie gehabt hatte. Ganz im Gegensatz zu Charly, der regelmäßig nach Ungarn, Polen und Holland fuhr, um sich Pferde anzusehen, zu kaufen, zu verkaufen oder Hengste zu begutachten, während sie zu Hause den Mist aus den Boxen karrte, Reitstunden gab und die Leute ertrug, die sich ihre Kunden nannten und die sie manchmal ganz einfach zum Kotzen fand. Außerdem war diese Reise in die Provence *ihr* Geburtstagsgeschenk! *Sie* hatte sich das verdient, und sie würde es sich von einem Karl Leyendecker nicht vermiesen lassen.

Das sagte sie ihm dann auch, aber vorher schloß sie schnell noch die Fenster, denn es brauchten ja nicht gleich alle mitzukriegen, was mit ihnen los war, wie sehr sich ihre Beziehung die Ärmel abgewetzt hatte.

Madame Constant trug das Tablett mit den Gläsern ins Kaminzimmer und stellte es auf der Konsole ab. Vier ihrer Hausgäste hatten sich bereits eingefunden und plauderten angeregt miteinander. Karen und Theo de Burger, ein holländisches Ehepaar, und Laura und Steffen Reims aus Deutschland.

Die beiden Holländer, Leute um die Fünfzig, betrieben in

Amsterdam ein Lebensmittel- und Delikatessengeschäft, das ausschließlich von abends 18 Uhr bis morgens 8 Uhr geöffnet hatte. Demgemäß waren sie Nachtmenschen, gingen nie vor vier Uhr morgens ins Bett und schliefen bis in die Mittagsstunden. So richtig wach wurden sie allerdings meist erst zum Abendessen, und noch ein paar Stunden später, wenn Madame Constant und die übrigen Gäste nur noch mit Mühe das Gähnen unterdrücken konnten. Dann fragte Theo de Burger gutgelaunt, wo es denn jetzt noch ein paar Bäume gäbe, die er ausreißen könne. Nach einigen Anfangsschwierigkeiten hatte sich Madame Constant an den außergewöhnlichen Lebensrhythmus ihrer holländischen Gäste gewöhnt und stellte vor dem Zubettgehen eine Käseplatte und Brot für sie bereit, was die beiden dann gegen zwei Uhr morgens beim Kartenspielen verzehrten. Gäste waren in Madame Constants Haus immer noch Könige!

Laura und Steffen Reims kamen aus Köln. Ein schönes Paar, fand Madame Constant. Besonders Madame Laura gefiel jedem sofort, so elegant, gepflegt und gutaussehend wie sie war. Über die Lebensumstände der beiden wußte Madame Constant noch nichts Näheres. Sie waren erst gestern spätabends angekommen und hatten sich schon bald nach einem kleinen Imbiß, den sie schnell noch für sie zubereitet hatte, zurückgezogen.

Madame Constant reichte ihren Gästen Pastis mit Eis und Wasser und prostete ihnen zu.

»Und unser Flitterpaar?« fragte Theo de Burger. Man hatte sich stillschweigend auf eine deutschsprachige Unterhaltung geeinigt, weil auch die beiden jungen Leute, die erst vor einer Woche geheiratet hatten und in der *Au Bouquet Lavande* ihren Honeymoon verbrachten, Deutsche waren, und die De Burgers genau wie Madame Constant ein gutes Deutsch sprachen.

Madame Constant spitzte schmunzelnd den Mund. »Vermutlich haben sie auch heute wieder mal keine Zeit zum Essen.«

»Aha, aha«, meinte Theo de Burger vielsagend. »Was eigentlich verwunderlich ist. Ich meine, ich bekomme davon immer einen Bärenhunger!«

Seine Frau warf ihm einen warnenden Seitenblick zu, aber Laura Reims fragte arglos: »Wovon bekommen Sie immer einen Bärenhunger?«

»Na ja, vom vielen Dideldum machen, Sie wissen schon!« Er lachte. »Das junge Paar ist nämlich verliebt wie junge Hirschlein zur Brunftzeit! Er röhrt in einem fort, und sie liegt ihm hingebungsvoll zu Füßen und leckt ihm das Fell.«

Madame Constant nahm Theo de Burger das leere Glas ab und reichte ihm ein zweites. Dann wandte sie sich an Steffen Reims. »Möchten Sie auch noch einen Aperitif?«

»O nein danke, um Gottes willen! Meine Gesundheit...« Er ließ den Satz unbeendet, was Theo de Burger veranlaßte nachzuhaken.

»Sie sind doch nicht etwa Vegetarier?« Er bezog die Frage natürlich nicht auf Fleisch, sondern auf Alkohol, aber Steffen Reims, der den Witz des Holländers nicht verstand, ging ganz ernsthaft auf die Frage ein.

»Nicht hundertprozentig. Aber ich vermeide es nach Möglichkeit, zuviel tierisches Eiweiß, Fett und Zucker zu mir zu nehmen. Und Alkohol trinke ich nur gelegentlich und dann natürlich in Maßen.«

»Aha«, machte der Holländer und sah Steffen Reims an wie einen Flamingo aus der Camargue, der versehentlich hier oben im Lubéron gelandet war. »Und wozu solche Vorsichtsmaßnahmen?«

Steffen Reims zuckte mit den Schultern. »Ich hatte vor einiger Zeit einen Herzinfarkt. Wissen Sie, da überlegt man sich so das eine oder andere. Jedenfalls beschloß ich, in Zukunft besser auf meine Gesundheit zu achten.«

Der Holländer klopfte Steffen Reims auf die Schulter, grinste und sagte: »Also wissen Sie, meiner Erfahrung nach werden Vegetarier auch nicht älter – sie sehen nur älter aus! Und was den Pastis betrifft, der ist in dieser Gegend nicht einfach nur Alkohol. Er ist Nationalgetränk, Lebensinhalt, Leidenschaft, Hobby und Passion, und sie nennen ihn zärtlich *Milch der Provence*. Wetten, daß Sie nur eine, höchstens zwei Pastismarken kennen?« De Burger sah Steffen Reims herausfordernd an. »Na?«

Er zuckte wieder mit den Schultern. »Stimmt. Mir fällt nur Pernod ein. Aber ehrlich gesagt, interessiere ich mich für Pastis auch nicht allzusehr.«

»Eben, das ist ja Ihr Fehler! Wer in die Provence kommt, sollte sich auch mit den Gepflogenheiten des Landes auseinandersetzen. Und die drehen sich fast ausschließlich um die drei schönsten Dinge der Welt, nämlich um Essen und Trinken.« De Burger lachte und zwinkerte Madame Constant zu. »Stimmt's, Madame?«

»Irgendwie hat wohl alles im Leben mit Essen und Trinken zu tun«, antwortete Madame Constant diplomatisch, und Theo de Burger wandte sich wieder an Steffen Reims, um mit seiner Pastislektion fortzufahren.

»Pastis wird aus Branntwein, Anis, Süßholz, Wermut und anderen aromatischen Kräutern hergestellt. Er ist also völlig naturrein. Ärzte und Apotheker gestehen ihm zahlreiche wohltätige Eigenschaften zu: er ist verdauungsfördernd, mildert Magen- und Sodbrennen, heilt Magengeschwüre, schafft gute Laune und... er ist dem Bevölkerungszuwachs zuträglich!«

Karen seufzte geplagt und sah ihren Mann kopfschüttelnd an.

»Der Pastis«, erläuterte Theo weiter, »besitzt Vettern rings ums Mittelmeer. Da ist die Grappa der Italiener, der Ouzo der Griechen, der Anisette der Spanier und Algerier, der Raki der Türken und der Arrak der Syrer und Libanesen. In Frankreich gibt es außer dem bekannten Pernod noch viele andere Pastismarken. Zum Beispiel Janot, Granier, Ricard, Casanis und viele andere. Letztens, in einer Bar in Aix, habe ich acht verschiedene Sorten gezählt!«

Er sagte das so stolz, als wäre er selbst ein Provenzale und müßte sein Land vor einem unwissenden Touristen und Banausen ins rechte Licht rücken. »Ach übrigens«, fügte er dann noch an, »auch das sollten Sie über den Pastis wissen: Jedes Dorf bevorzugt ›seine‹ ganz spezielle Marke, und es macht sich natürlich gut, wenn der ›Fremde‹ sich auch beim Bestellen seines Pastis den Sitten der Gegend anpaßt. Und falls Sie einmal zur Zeit der Dorffeste in die *Alpilles* kommen und Ihnen dort ein Meter Pastis angeboten wird, sollten Sie sich nicht wundern. Das bedeutet ganz einfach, daß auf die Länge eines Meters, der durch zwei Kerben in der Theke gekennzeichnet ist, zwölf ›momies‹ – so heißen die winzigen, dem Anis vorbehaltenen Gläser – aufgereiht werden, von denen man nur zehn zu bezahlen hat. Da an solchen Festabenden viel gezecht wird, findet jeder seinen Vorteil bei diesem Brauch: der Gast zahlt weniger, der Wirt gewinnt Zeit. Aber es ist natürlich nicht ratsam, den ganzen Meter alleine zu trinken. Also, in diesem Sinne...«

Theo hob sein Glas, setzte es an die Lippen, trank wie prüfend einen Schluck und erklärte feierlich: »Das hier ist ein Granier, habe ich recht, Madame Constant?«

Sie nickte.

»Von allen Sorten ist er mir am liebsten«, sagte Theo de Burger. »Ich finde, er ist eine Idee weicher als seine Brüder und nicht gar so giftig grün wie Pernod. Immerhin genießt das Auge ja auch mit, nicht wahr, Madame Laura?«

Laura Reims schenkte ihm den Hauch eines Lächelns. Auch sie war nicht sonderlich am Thema Pastis interessiert, aber andererseits fand sie es immer noch amüsanter, als – wie in solchen Fällen allgemein üblich – eine ausgedehnte Diskussion über das Wetter zu führen.

Einen Moment war es andächtig still, jeder nippte an seinem Glas, ließ einen Schluck Pastis die Kehle hinabrinnen, drückte danach prüfend die Zunge gegen den Gaumen. Und eben da ging die Tür auf, und herein kamen Rieke und Charly Leyendecker.

Sofort stellte Madame Constant ihr Glas ab, ging mit erhobenen Händen und einem strahlenden Lächeln auf ihre neuen Gäste zu, griff Rieke am Arm und führte sie den anderen vor.

»Darf ich Sie miteinander bekannt machen – das sind Madame Rieke und Monsieur Charly Leyendecker und das Madame Karen und Monsieur Theo de Burger und Madame Laura und Monsieur Steffen Reims.«

Rieke und Charly Leyendecker hatten den Holländern die Hand gereicht, aber dann, als Madame Constant den Namen Laura Reims erwähnte und Rieke den neuen Gästen ins Gesicht sah, schwebten ihre Hände plötzlich irgendwo zwischen ihnen, ohne anzukommen. Ein oder zwei Sekunden nur, aber lange genug für eine Frau mit Madame Constants Menschenkenntnis, um zu bemerken, daß diese Leute etwas miteinander verband – ein Geheimnis, ein gemeinsames Wissen, eine Enttäuschung oder sonst eine Erinnerung. Aber dann gaben sie sich plötzlich doch die Hände, sagten kurz »Angenehm«, wandten sich wieder voneinander ab und gingen sich für den Rest des Abends aus dem Weg. Die Spannung jedoch, die seit dieser Begrüßung im Raum lag, vibrierte so spürbar nach wie das Schwingen eines Gongs, mit dem ein Tibetischer Mönch das Abendgebet einläutete.

Theo de Burger wollte das Thema *Provenzialische Gepflogenheiten* gerade wieder aufgreifen, als ein weiterer Gast erschien. Es war Dr. Lenoit, der vorbeikam, um nach Paul zu sehen, dem Hausdiener. Der Arzt war ein gutaussehender Vierziger, mit fast schwarzen Haaren und so blauen Augen wie der Himmel der Provence, wenn er vom Mistral reingefegt ist. Eine ›Farbkombination‹, die nicht gerade häufig vorkam und vor allem von den Damen als besonders reizvoll empfunden wurde. Dr. Lenoit wußte, wie anziehend er auf Frauen wirkte und machte ab und zu Gebrauch von den Möglichkeiten, die ihm dies eröffnete. Er war seit seiner Scheidung vor zwei Jahren wieder Junggeselle, dem schönen Geschlecht aber trotz allem erlittenen Übel nicht abgeneigt.

Madame Constant begrüßte ihn als Freund des Hauses

und lud ihn auf ein Gläschen ein, doch er lehnte dankend ab. »Hab leider noch nichts im Magen«, sagte er, »und das ist keine gute Grundlage für Alkohol, vor allem nicht, wenn man jederzeit damit rechnen muß, noch zu einem dringenden Hausbesuch gerufen zu werden.«

Madame Constant war außer sich. »Noch nichts im Magen, schon halb verhungert!« rief sie bestürzt. »Und das will ein Arzt sein, der anderen gute Ratschläge in Gesundheitsdingen gibt? Selbstverständlich bleiben Sie unter diesen Umständen zum Essen... und bitte keine Widerrede!« Damit nahm sie ihm eventuelle Einwände aus dem Mund, noch bevor er sie vorbringen konnte.

Aber Dr. Lenoit hatte gar nicht vorgehabt zu widersprechen, ganz im Gegenteil, er hatte sehr auf diese Einladung gehofft. Nicht nur wegen des Appetits auf eines von Madame Constants vortrefflichen Fünf-Gänge-Menüs, sondern weil ihn diese schöne Deutsche namens Laura Reims, mit der Madame ihn gerade bekannt machte, zu amourösen Fantasien inspirierte und er ihre Gegenwart gerne noch etwas länger genießen wollte.

Paul war schnell untersucht, und als Dr. Lenoit zurückkam, drückte er Madame Constant ein paar Rezepte in die Hand. »Das sollten Sie gleich morgen in der Apotheke besorgen lassen«, ordnete er an, »und in zwei Tagen komme ich dann noch einmal vorbei, um nach Paul zu sehen.«

Madame Constant schob die Rezepte in die Tasche ihres Kleides und bat zu Tisch. Als Rieke die große Tafel sah, an der man gemeinsam aß, erschrak sie. Keine Möglichkeit, sich zurückzuziehen, sie war gezwungen, mit Laura an einem Tisch zu sitzen. Aber zu ihrer Erleichterung verteilte Madame die Plätze so, daß zwischen ihr und Laura die beiden Holländer saßen und sie sich auf diese Weise nicht ständig im Blickfeld hatten.

Auch Laura Reims war zufrieden mit dieser Platzeinteilung. Sie saß am Ende der langen Tafel und zu ihrer Rechten, an der oberen Stirnseite, nahm Pascal Lenoit Platz. Während er sich setzte, streifte er sie mit einem flüchtigen, aber dennoch eindringlichen Blick, der ihr tausend feine Nadelspitzen unter die Haut trieb. Ein Satz tauchte aus ihrer Erinnerung auf, den sie irgendwann einmal gelesen hatte: Es gibt nur zwei erogene Zonen – das Herz und die Haut. Und sie wunderte sich nicht schlecht darüber, daß dieser Mann es allein durch sein Erscheinen geschafft hatte, sie aus ihrer fast schon stoischen Ruhe zu reißen, die sie in letzter Zeit gegenüber Männern bewahrte.

Michelle, das Hausmädchen, brachte den ersten Gang, drei verschiedene Pasteten. Eine Wildschweinpastete, eine Trüffelpastete und eine Gänseleberpastete, wie Madame Constant erläuterte. Dazu gab es offenen Rosé von einem Winzer ganz in der Nähe, der mit Madame nachbarschaftlich befreundet war.

Steffen Reims hielt seine Hand über das Glas, als Michele ihm einschenken wollte und bat statt dessen um Wasser; und damit war man wieder beim Thema.

»Monsieur Reims vermeidet nämlich Fleisch und trinkt kaum Alkohol«, klärte der Holländer Dr. Lenoit auf, »und zwar der Gesundheit wegen! Was halten Sie als Arzt von solchen Vorsichtsmaßnahmen?«

Dr. Lenoit lächelte. »Nun, ich denke, sowohl als Vegetarier als auch als Antialkoholiker wird einer sich in Südfrankreich schwer tun.« Er schob sich einen Bissen der Wildschweinpastete in den Mund, schloß, offensichtlich vom Geschmack überwältigt, kurz die Augen und sah dann Steffen Reims an. »Sie kennen ja das geflügelte Wort: Essen und Trinken wie Gott in Frankreich? Und wissen Sie auch, woher es kommt?«

»Nein, da muß ich passen.«

»Ich werde es Ihnen erklären. Als die Päpste im Jahre 1305 aus politischen Gründen Rom verließen und sich in Avignon niederließen, verfielen sie sehr schnell der französischen Leidenschaft des Essens und Trinkens. Aber auch in manch anderer Hinsicht hielten sich die großen und kleinen Diener Gottes in Avignon nicht gerade kurz. Petrarca, ein berühmter italienischer Trecento-Dichter, der zur damaligen Zeit am päpstlichen Hof ein- und ausging, empörte sich immer wieder darüber, daß Avignon zur Kloake geworden war, ›wo aller Schmutz der Welt zusammenkommt. Alles riecht hier nach Lüge: die Luft, die Erde, die Häuser und vor allem die Schlafzimmer‹, so seine Worte.«

Dr. Lenoit sah auf und Laura an, hob lächelnd sein Glas, um ihr zuzuprosten und kam dann zum Ende seines kurzen geschichtlichen Berichtes. »Drei Dinge sind uns zur Erinnerung an diese verruchte Zeit vor allem geblieben. Erstens ein Papstpalast, der wie eine düstere Erinnerung wirkt, zweitens ein Lied über den Pont d'Avignon, das einmal eine kleine Nonne gesungen und damit weltweit berühmt gemacht hat und drittens der Ausspruch ›Essen wie Gott in Frankreich‹, womit natürlich nicht Gott persönlich, sondern die Päpste und Kardinäle, als seine Vertreter auf Erden, gemeint waren.«

Pünktlich, wie auf ein Stichwort, erschien nun Michelle mit dem zweiten Gang. Sie brachte von einem weiteren von Madames Nachbarn hausgemachte Würste aus Sisteron-Lamm mit Salbei, dazu eine Konfitüre roter süßer Zwiebeln und ein Gratin aus hauchzart geschnittenen Kartoffeln. Beim Anblick dieser Köstlichkeit seufzten die Holländer und Dr. Lenoit um die Wette und ergossen sich in Komplimenten für die Hausfrau. Schon alleine der Duft dieser Speise würde es rechtfertigen, extra aus Holland anzureisen, meinte Theo de Burger und führte hingebungsvoll den ersten Bissen zum Mund.

Laura, die zwischen den beiden Gourmets saß, schüttelte lachend den Kopf. »Wenn ich nicht ganz genau wüßte, worum es bei diesem ständigen Seufzen rechts und links von mir geht, o làlà, meine Ohren müßten so rot werden wie die Zwiebelkonfitüre auf unseren Tellern.«

»Soll ich Ihnen mal ein Geheimnis verraten ...« Dr. Lenoit neigte sich zu Laura und flüsterte so laut, daß es auch Madame Constant am anderen Ende des Tisches noch hören konnte: »Ich habe ein heimliches Abkommen mit Paul getroffen, daß er mindestens einmal im Vierteljahr eine schlimme Krankheit bekommen muß, damit ich hier zur Essenszeit erscheinen kann und von Madame eingeladen werde. Nur dafür nämlich lohnt sich das mühsame Leben als Landarzt – ab und zu einmal an Madame Constants Töpfen schnuppern zu dürfen!«

»Eine schlimme Krankheit, was meinen Sie damit?« fragte Steffen Reims besorgt. »Hat der Hausdiener am Ende etwas Ansteckendes? Schon wieder krank sein – ich kann mir das nicht leisten, wissen Sie!«

»Nein, nur eine kleine Halsentzündung. In ein paar Tagen ist er wieder gesund.«

»Und die vielen Rezepte, die Sie Madame Constant zugesteckt haben?« forschte Steffen mißtrauisch weiter.

Dr. Lenoit sah ihn an, hob die rechte seiner Augenbrauen, lächelte und sagte: »So sind die Provenzalen eben. Sind sie gesund, glauben sie an die Macht Gottes, sind sie krank, glauben sie einzig an die Macht der Medizin, und gibt ein Arzt ihnen keine Medikamente, so bedeutet das ihren sicheren Tod... sie sind eben alle mehr oder weniger Hypochonder.«

»Vielleicht hast du ja provenzalisches Blut?« bemerkte Laura mit leichter Ironie und handelte sich damit einen zurechtweisenden Blick ihres Mannes ein.

Einen Moment war es still, dann nahm plötzlich Theo de Burger seinen Dessertlöffel, schlug damit dreimal leicht gegen sein Glas und sah in die Runde. »Ich möchte diese Gesprächspause nutzen und einen Vorschlag einbringen. Wo wir doch miteinander so ausgezeichneten Wein trinken«, er hob sein Glas und sah prüfend in die hellrote Flüssigkeit, »sollten wir uns auch duzen oder doch wenigstens beim Vornamen nennen! In Holland wäre das gar keine Frage. Man mag sich, man duzt sich, und niemand ist beleidigt. Also, ich bin Theo, und meine Frau hat den hübschen Namen Karen! Zum Wohle, à votre santé!«

Das Hausmädchen Michelle hatte offenbar eine feine Spürnase dafür, im rechten Augenblick den nächsten Gang zu servieren. Durch ihr Eintreten war man abgelenkt. Jeder hatte damit zu tun, nach landesüblicher Art seinen Teller mit einem Stück Weißbrot auszuwischen, damit Michelle ihre Arbeit tun und neue Köstlichkeiten servieren konnte. So war keiner gezwungen, dem Vorschlag zu- oder dagegen zu stimmen.

Diesmal brachte Michelle eine große Platte, auf der seltsame Gebilde lagen, die wie ein bißchen zu groß geratene Würste aussahen. Sie begann am oberen Ende der Tafel und legte Charly Leyendecker als erstem vor. Karen, die neben ihm saß, sog tief den herrlichen Duft nach Knoblauch, Olivenöl und Ysop ein und fragte Madame Constant nach dem Namen dieser Köstlichkeit.

»Man nennt sie *alouettes,* oder zu deutsch Lerche ohne Kopf.«

»Was bitte ist das?!« Charly Leyendecker schob angeekelt seinen Teller von sich und sah Madame Constant an. »Ich esse keine Vögel, auch nicht in Frankreich!« rief er voller Abscheu.

Madame Constant versuchte ihn zu beruhigen. »Aber das ist ja nur der Name. In Wahrheit handelt es sich bei *alouettes* um gepökeltes Schweinefleisch, das nach Art von Rouladen in Scheiben hauchdünnen Rindfleisches gewickelt und dann in eine Marinade aus Knoblauch, Petersilie, Ysop, Olivenöl, trockenem Weißwein und Rinderbrühe eingelegt wurde.«

Aber Charly Leyendecker war nicht mehr zu beruhigen, er hatte genug für heute. »Wie Sie dieses Zeug hier zubereiten, ist mir ehrlich gesagt egal«, schnauzte er sie an, stand auf, knallte seine Serviette auf den Tisch und verließ das Speisezimmer.

Rieke sah verlegen auf ihren Teller. Es war ihr peinlich, wie Charly sich benahm.

Madame Constant, die das spürte, half ihr aus der unangenehmen Situation. »Bitte, nehmen Sie es Ihrem Mann nicht übel, Madame Rieke«, sagte sie. »Ich erlebe es oft, daß Menschen nach einer so langen Fahrt und dann konfrontiert mit einer ganz anderen Lebensart, die Nerven verlieren. Es ist normal, das gehört dazu. Morgen ist alles wieder anders.« Sie hob ihr Glas, um Rieke freundschaftlich zuzuprosten.

Vor dem Haus heulte ein Motor auf, und der Kies knirschte unter den Reifen eines eilig davonfahrenden Fahrzeugs. Rieke hob den Kopf und horchte ihm nach. Es war Charly. Sie wußte, er würde ins nächste Dorf fahren, um sich dort in einer Bar den Abend auf seine Art zu vertreiben.

Nach Charlys theatralischem Abgang kam keine rechte Stimmung mehr auf. Dr. Lenoit erzählte noch eine Anekdote von *König René dem Guten,* der in der Provence sehr verehrt wurde, dann verabschiedete er sich mit der Entschuldigung, noch einen Hausbesuch machen zu müssen, ohne von dem köstlichen Mandelgebäck probiert zu haben, das als Nachspeise serviert wurde.

Nach dem Essen zerstreuten sich Madames Gäste. Rieke zog sich auf ihr Zimmer zurück, die Holländer und Steffen setzten sich vor den Kamin und erörterten, was sich von den Sehenswürdigkeiten der Umgebung anzusehen lohnte, und Laura ging hinaus, um nach dem üppigen Essen ein wenig frische Luft zu schnappen.

Es war bereits dunkel, aber immer noch so warm, daß sie keinen Schal brauchte. Sie wandte sich nach rechts, wo Madame Constant einen wunderschönen Kräutergarten angelegt hatte. Er war von einer Mauer umgeben, und man betrat ihn durch ein schmiedeeisernes Tor. Von diesem Tor führten zwei Wege durch die duftenden Kräuter. Der eine nach rechts, der andere nach links, man ging jeweils etwa fünfzig Schritte bis zu einer Bruchsteinmauer, in der es vor Eidechsen und anderem Getier nur so wimmelte, dann im selben Winkel wieder in die entgegengesetzte Richtung zu einem Tor in der Mauer, die den hinteren Teil des Gartens begrenzte. Aus der Vogelperspektive betrachtet, ergab sich so in der Mitte des Gartens eine große, lila umrandete Raute, denn entlang der Wege war Lavendel gepflanzt, und er blühte gerade. In den vier Ecken entdeckte Laura Knoblauch und Salat, Thymian, Majoran, Estragon, Wermut und eine Reihe anderer Kräuter, deren Namen sie nicht kannte. Und in der Mitte der Lavendelraute, im Zentrum des Gartens also, gab es einen erhöhten runden Brunnen aus Stein, dessen Stufen dazu einluden, sich zu setzen und in die Abendstille hineinzuträumen.

Laura legte prüfend eine Hand auf die Stufen des Brunnens. Als sie spürte, daß der Stein noch immer von der Sonne warm war, setzte sie sich, zog die Beine an und dachte über Rieke nach. Wieso mußten sie sich ausgerechnet hier wieder begegnen? In einer kleinen Pension mitten im Lubéron, weit abseits vom großen Tourismus der Camargue, von Museen oder Baudenkmälern, und sogar vom nächstgelegenen Dorf. Die Welt war doch so groß, und dann so ein Zufall! Sie konnte es nicht begreifen. Andererseits mußte sie sich wundern, daß sie sich in den vergangenen siebzehn Jahren nicht schon längst einmal irgendwo zufällig über den Weg gelaufen waren.

Laura hörte plötzlich ihren Namen rufen und richtete sich auf. Es war Steffen, der aus dem Haus trat, nach ihr rief und dann in den Garten kam.

»Ach, hier bist du!« sagte er, als er sie am Brunnen entdeckte, »ich habe mir schon Sorgen gemacht.«

»Weshalb Sorgen?« Laura lachte. »Hier gibt es weder Löwen noch Löcher in der Erde, die sich plötzlich auftun und harmlose Frauen verschlingen.«

»Aber du warst so seltsam heute abend. Ich meine, als du diesen Leuten vorgestellt wurdest, diesen Leyendeckers. Kennst du sie?«

»Könnte man so sagen«, sagte Laura und versuchte ein Lächeln. »Rieke Leyendecker war einmal meine allerbeste Freundin. Damals hieß sie allerdings noch Ordet. Ich habe dir bestimmt schon einmal von ihr erzählt.« Sie sah ihn an. »Früher einmal, vor vielen Jahren, als du dich noch für mich und mein Leben interessiert hast.«

»Ach, nun laß das doch bitte, Laura. Du weißt genau, ich mag solche Sticheleien nicht. Und außerdem interessiere ich mich auch jetzt noch für dich, nur nicht mehr ausschließlich. Man wird eben älter, da nutzen sich sogar Beziehungen ab.«

»Du meinst, nicht nur Herz, Leber, Gelenke und der Inhalt von *les couilles* unterliegen einem ewigen Kreislauf von Werden und Vergehen?«

»Du bist unmöglich, Laura!«

Sie zuckte mit den Schultern. »Ich oder du, vielleicht auch wir beide.«

»Erzähl mir lieber von deiner Freundin.«

»Sie ist nicht mehr meine Freundin. Sie hat mir die Freundschaft gekündigt, bereits vor siebzehn oder achtzehn Jahren. Einfach so, von jetzt auf immer.«

»Und wie kam es dazu?«

Wieder zuckte Laura mit den Schultern. »Es ist immer die alte Geschichte. Natürlich wegen eines Mannes. Aber ich möchte lieber nicht darüber reden. Wenigstens nicht heute abend.«

»Rieke Ordet...« Steffen dachte nach. »Ist das nicht dieses Mädchen, das mit dir zusammen Geburtstag hat? Gibt es da nicht eine Collage von all euren Geburtstagsfotos in einem deiner Alben?«

»Richtig, die hat sie mir geschenkt, als ich achtzehn wurde. Unser gemeinsamer Geburtstag war das erste, was uns miteinander verband, als sie in meine Klasse kam, weil sie eine Ehrenrunde drehen mußte. Rieke ist allerdings ein Jahr älter als ich. Das heißt, sie wird vierzig in ein paar Tagen. Auch das noch! Ein runder Geburtstag, und den feiern wir dann also wieder einmal gemeinsam.« Laura lachte. »Na ja... oder wir beide, du und ich, begeben uns außer Reichweite, fahren zur Feier des Tages nach Arles, oder wie wär's mit Spanien, das Dali-Museum? Einen Abstecher ins Dali-Museum hatten wir doch ohnehin geplant, warum sollten wir ihn nicht vorziehen?«

»So unangenehm ist es dir, mit dieser Rieke zusammen zu sein?«

»Ach, weißt du, wenn es nur Rieke wäre. Aber da ist ja auch noch ihr geliebter Charly.« Laura fuhr mit der Hand durch die Luft, als wollte sie eine lästige Fliege verjagen. »Und überhaupt«, sagte sie ärgerlich, »sie war es ja, die mir die Freundschaft gekündigt hat!«

»Du willst doch nicht etwa behaupten, daß dieser Charly der Mann war, um den es bei eurem Streit damals ging?« Steffen lachte laut, als Laura flüchtig nickte. »So eine Geschmacksverirrung hätte ich dir ehrlich gesagt nie zugetraut!«

»Dieser Mann hat mir nie etwas bedeutet. Nicht einmal so viel wie ein Fliegendreck! Fräulein Rieke hat sich davon allerdings nicht überzeugen lassen und mir am Schluß sogar noch die Schuld gegeben, daß er...« Laura brach ab, schüttelte heftig den Kopf und sprang auf. »Ach was, ich habe einfach keine Lust, diese uralten Brötchen aufzubacken! Und ich habe vor allem keine Lust, mir von Herrn und Frau Leyendecker den Urlaub verderben zu lassen!« Sie schob die Hände in die Taschen ihres Rockes und sah Steffen an. »Mir ist kalt, ich gehe ins Bett. Kommst du mit?«

Er stand wortlos auf, legte einen Arm um ihre Schultern und begleitete sie ins Haus. »Hast du Lust, morgen gleich nach dem Frühstück nach Stes-Maries-de-la-Mer zu fahren?« fragte er, als sie die Treppe hinaufgingen. »Da wolltest du doch immer schon mal hin, und es hat den Vorteil, schön weit weg von Madame Constants Auberge und damit auch von den Leyendeckers zu sein.«

Sie sah ihn lächelnd an. »Gute Idee, schlagen wir uns in die Sümpfe und sehen den Flamingos zu!«

2. Kapitel

Rieke knöpfte ihr Kleid zu, schnallte den Gürtel um die Taille und setzte sich aufs Bett, wo die Prospekte ausgebreitet lagen, die ihr Madame Constant gestern auf ihre Bitte hin herausgesucht hatte. Prospekte über Sehenswertes in der Umgebung.

Da gab es zum Beispiel die Fontaine-de-Vaucluse mit ihrem smaragdgrünen Wasser, eine Quelle am Fuß steiler Kalkfelsen. Dort tritt ein unterirdischer Fluß zutage, der das Wasser der weiten Kalkplateaus des Vaucluse auffängt.

Ein unterirdischer Fluß, das würde Rieke schon interessieren. Aber Madame Constant hatte erwähnt, daß zu dieser Jahreszeit Hunderte von Touristen ihr Picknick dort abhalten würden. Die Möglichkeit, daß unter diesen Hunderten vielleicht auch Laura und ihr Mann, dieser Steffen, sein könnten, war groß. Also besser etwas anderes unternehmen, etwas in größerer Entfernung. Zum Beispiel eine Wanderung in den Bergen des Vaucluse oder ein Bummel in Avignon, oder hier – sie nahm einen anderen Prospekt zur Hand – die Camargue, ja, das wär's! Für die Camargue mit ihren weißen halbwilden Pferden konnte sie Charly noch am ehesten interessieren.

Als er aus dem Bad kam, schlug sie ihm diesen Ausflug vor, und er war einverstanden. Ihm war alles recht, wenn er nur nicht gezwungen wurde, seine Zeit mit diesen aufgeblasenen Wichtigtuern zu verbringen, die sich gegenseitig mit ihren Ahs und Ohs für irgendwelche dubiosen Speisen übertrumpften. Ihn kotzte dieses feine Getue an! Nicht einmal ein vernünftiges Glas Bier konnte man zum Essen haben, Rosé und Rotwein aus dem Lubéron mußten es sein, sonst war man für die Herren und Damen nicht fein genug. Wenn er an den gestrigen Abend nur dachte, wurde ihm schon übel, und die Aussicht auf dreizehn weitere solche Abende ließ ihn nicht gerade in Freudentränen ausbrechen.

Rieke packte ihren Fotoapparat und die beiden Reiseführer, die sie sich bei einer ihrer Reitschülerinnen geborgt hatte, in ihre große Umhängetasche und ging schon mal hinunter und hinaus, um Haus und Garten bei Tageslicht näher zu erkunden. Links war der Swimmingpool, in dem zwei junge Leute schwammen, die sie noch nicht kennengelernt hatten. An den Swimmingpool grenzte eine Art Obstgarten, in dem in zwei Reihen acht Kirschbäume standen, und hinter den Kirschbäumen bis hinauf zum Waldrand erstreckte sich ein Feld mit Weinreben, an denen grüne Trauben hingen. Rechts vom Haus entdeckte sie hinter einer Mauer einen Kräutergarten mit blühendem Lavendel und allerlei anderen Kräutern, und schräg vor dem Garten standen drei Krüppeleichen, die schon sehr alt sein mußten.

Rieke atmete tief die herrliche Luft ein und drehte sich ganz langsam um die eigene Achse. Dieses Haus, diese Landschaft, der Himmel, das alles war noch viel schöner, als sie es sich vorgestellt hatte, und daß Laura hier war – ausgerechnet! –, davon würde sie sich die Freude keinesfalls verderben lassen.

Charly kam die Treppe herunter und winkte ihr zum Einsteigen. Rieke nahm die Reiseführer aus der Tasche, legte die Tasche nach hinten und setzte sich auf den Beifahrersitz.

Bis Tarascon sah sie still aus dem Fenster, besah sich die Berge und Dörfer des Lubéron, die Lavendelfelder, die Kirschbaumplantagen, die Wein- und Melonenfelder. Später nahm sie dann die Reiseführer zur Hand und begann zu lesen. Über die Camargue mit ihrer Vielzahl an Vögeln, den halbwilden Pferden und schwarzen Stieren, über die Zigeuner, das Dorf *Stes-Maries-de-la-Mer* und seine Legenden von den *drei heiligen Marien am Fuße von Jesu Kreuz*, die nach langer Fahrt in einem kleinen ruderlosen Boot hier gelandet waren.

»Das ist interessant, das mußt du dir anhören«, sagte Rieke und las laut vor: »Eine der vielen Legenden um *Stes-Maries-*

de-la-Mer erzählt, daß die schwarze Dienerin Sara, die mit Maria Jakobäa, Maria Salome und Maria Magdalena über das Meer kam, in Wahrheit die große Muttergöttin Sara-Kali war und das Boot unter ihren Schutz genommen und hierher geleitet hatte. Und das erklärt die besondere Verehrung der Zigeuner, die jedes Jahr am 24. Mai zur berühmten Zigeunerwallfahrt aus ganz Europa anreisen, nicht um die Marien, sondern ihre angebliche ägyptische Dienerin Sara zu verehren.« Sie sah Charly an. »Schade, daß es nicht gerade Mai ist, so ein Zigeunerfest hätte ich gerne einmal miterlebt!«

»Wozu? Die klauen dir ja doch bloß deine Geldbörse«, maulte Charly schlechtgelaunt vor sich hin.

Von da an unterließ sie es, ihm irgend etwas vorzulesen. Es war verdammt schade, daß sie diese Reise mit so einem Muffel unternahm, der keinerlei Euphorie aufkommen ließ, sich für nichts Neues interessierte... und nicht nur diese Reise, ihr ganzes Leben mußte sie mit so einem verbringen! Charly Leyendecker war, wie man so schön sagte, ein alter Kotzbrocken!

Laura und Steffen hatten den Weg über Salon gewählt, hatten sich dort umgesehen und ein zweites Frühstück eingenommen. Anschließend waren sie auf der RN 113 nach Arles gefahren und weiter Richtung Albaron. Bald nach Arles begannen dann schon die Sümpfe der Camargue, und Laura nahm die mitgebrachten Reiseführer und Bücher zur Hand, um sich zu informieren und etwas daraus vorzulesen.

Sie blätterte ein wenig, fand einen Text von Jean Giono, einem der bedeutendsten provenzalischen Schriftsteller des 20. Jahrhunderts, in dem er über die Camargue schreibt: ›Sie ist ein Deltagebiet, der Ablageplatz der Rhône, ihr Schlupfwinkel sozusagen. Bis hierher lebt der Fluß, fließt rasch, findet keine Zeit, nachdenkliche Betrachtungen anzustellen. In diesem Delta aber geht es mit ihm zu Ende, hier wird er sich im Meer verlieren, und dagegen sträubt er sich, schlendert, teilt und windet sich her und hin, überlegt, zögert und besinnt sich.‹

Schön fand sie das ausgedrückt, blätterte weiter und entdeckte unter einem sehr künstlerisch anmutenden Schwarzweißfoto den Text: Die Camargue, das Sumpfgebiet um Stes-Maries-de-la-Mer, galt in der Antike als Eingang zum Totenreich...

Laura ließ das Buch auf ihren Schoß sinken und sah aus dem Fenster. Tatsächlich hatte die Landschaft etwas Geisterhaftes, Totes und war doch auf eine ganz besondere Art auch wieder lebendig und von einer gewaltigen Urkraft. Sie stellte sich vor, daß hinter den Stechginstersträuchern die Sonne unterging und das Geflecht von Schilf und Gestrüpp in schwarzes Gold tauchte, sie sah am Horizont Flamingos gegen den von trunkenem Rot überzogenen Himmel auffliegen, die schwarzen Stiere, die hier wie die Pferde halb wild leben und frei weiden, in der Dämmerung den Kopf heben, um ihr Liebeslied zu brüllen, und plötzlich konnte sie verstehen, daß gerade hier unzählige Mythen geboren wurden. Es gab keine Grenze mehr zwischen Himmel und Hölle, und die Kette der Verwandlungen war zu sehen, zu riechen und zu spüren. Was der Fluß auf seiner Reise zum Meer den Ufern und Böschungen, den Menschen und Tieren entrissen, was er im Verlauf seiner Wanderung mitgenommen und getötet hatte, ließ er hier liegen, bevor er sich im Meer verströmte, um sich zu vermählen mit Aphrodite, der Tochter aus dem Geschlechte Gaias.

Hier, ein paar Augenblicke vor seinem Ende, versuchte er seine Beute wieder loszuwerden, auszuspucken und zu neuem Leben zu erwecken. Der Kadaver einer Katze verfault, wird zusammen mit verrottendem Gestrüpp zu Humus und Lehm, Samen von Blumen und Gräsern versuchen, hier angespült, aufzukeimen, aber nur wenigen wird es, getränkt von salzigem Brackwasser, auch gelingen. Das alles ist Leben und gleichzeitig Tod, hat etwas Beängstigendes, aber auch etwas Tröstliches. Es ist wie die beiden Seiten einer Münze, die immer zusammengehören.

Laura hätte gerne mit Steffen über ihre Gedanken und Eindrücke gesprochen, aber schon alleine das Wort Tod war für ihn seit seinem Herzinfarkt ein großes Tabu. Sie schwieg, sah wieder aus dem Fenster, dachte darüber nach, daß sie es satt hatte, dieses Leben auf Sparflamme, dieses Kränkeln neben sich, diesen Mann, der hinter einer Fassade von Sein und Schein kaum noch lebendig war. Daß sie es satt hatte, nachts nach schrillem Klingeln den Telefonhörer abzunehmen und eine fremde Frauenstimme nach dem berühmten Steffen Reims fragen zu hören, nach dem sie sich so sehr sehnte und den sie, obwohl sie ihn nicht persönlich kannte, doch so sehr liebte, daß sie sich seinetwegen umbringen wolle. Sie dachte darüber nach, daß es ihr bis zum Erbrechen überdrüssig war, des graubeschläften, gutaussehenden, Charme versprühenden Talk-Show-Masters-Gattin zu sein und von allen beneidet zu werden, um den Schein eines Mannes, der er nie war und der er nie sein würde – erst recht nicht nach seinem Herzinfarkt.

Steffen war ein Hypochonder. Aber nicht nur das, er war auch gottesfürchtig und abergläubisch. Nein, nicht daß er in die Kirche ging, aber er glaubte doch ganz fest an so etwas wie die Abrechnung eines höheren Wesens, das seinen Tribut forderte für alles, was es einem Menschen hatte zukommen lassen. Und es hatte Steffen ja immerhin eine große Karriere gewährt, allerdings erst nach etlichen vergeblichen Anläufen und Flops und dann auch noch auf Kosten eines Menschenlebens. Ein Showmaster starb einige Wochen vor dem Start einer neuen Live-Sendung – an Herzinfarkt übrigens! – und Steffen durfte einspringen. So kam für ihn mit vierzig Jahren endlich der ersehnte Durchbruch. So wurde aus einem kleinen Moderator ein großer Talk-Show-Master und Laura, eine praktizierende, eigenständige und gutverdienende Zahnärztin, wurde zu einer Talk-Show-Masters-Gattin degradiert.

»Ah, Frau Reims? Etwa die Ehefrau des berühmten Steffen Reims? Dieses wirklich gutaussehenden, charmanten und so spritzigen Mannes?«

Oh, wie Laura es haßte, Prinzgemahlin zu sein, und wie gerne sie so manches Mal zu diesen liebestollen nächtlichen Anruferinnen sagen würde: »So nehmen Sie ihn doch, verdammt noch mal, und werden Sie unglücklich mit ihm!«

Sie waren kaum ein paar Kilometer in das Gebiet der Camargue eingebogen, als auch schon der Tourismus seine Zeichen setzte. Rechts und links der Straßen weißgetünchte Höfe, die die Provenzalen *mas* nennen und vor denen weiße Pferde bereits gesattelt und angebunden auf ihre Peiniger warteten. Arme, müde, oft zaundürre Klepper, die an Don Quijotes Rosinante erinnerten und Touristen durch die Sümpfe schleppen sollten. Für nichts auf der Welt würde Laura ein solches Pferd besteigen, so gerne sie auch ritt und so schön es an sich sein mußte, die Sümpfe zu Pferd zu durchqueren.

Näher zur Küste hin dann vereinzelte *cabanes*, diese für die Camargue so typischen ›Zuckerwürfelhütten‹, die einstmals von den Camargue-Hirten, den *gardians*, gebaut und bewohnt wurden. Winzig an Größe, aus trockenem Schilf das Dach und auch die Wände, die aber verputzt und weißgetüncht und ohne Fenster, und Licht fällt nur durch eine Tür, die im oberen Drittel aus Glas ist.

Laura stellte sich vor, wie das Leben hier wohl war, als diese Hütten noch bewohnt wurden. Ein Mann alleine, die schwere Arbeit für wenig Lohn, der Mistral, der ständig über die flache, offene Landschaft zieht und dann, wenn der Wind endlich nachläßt, die Mücken, die sich blutgierig auf jedes Stückchen Haut stürzen, um es erbarmungslos zu zerstechen. Und nachts das Brausen des Meeres, das Schreien der Vögel, nur ein kleines Feuer von Tamariskenwurzeln im Kamin, alles karg und ärmlich, kein Vergnügen! So hat alles seine zwei Seiten. Was die Touristen heute staunend als wildromantische Schönheit einer Landschaft betrachten, hat den Menschen zu früheren Zeiten alle Kraft zum Überleben abgerungen.

Stes-Maries-de-la-Mer lag vor ihnen. Steffen fuhr langsam

durch die Straßen, immer dem Meer entgegen und parkte den Wagen auf einem kleinen Platz, nahe der Kirche mit ihrem zinnenbekränzten Wehrturm, die Laura unbedingt besichtigen wollte. Seit ihrem sechzehnten Lebensjahr, als sie ein Geschichtsreferat über Mythologie in Europa und Kleinasien halten mußte, beschäftigte sie sich mit dem Thema der christlichen Mutter Gottes, in ihrem Aspekt der großen Muttergöttin vorchristlicher Kulturen. Damals fing sie an, Marien zu fotografieren, deren Fuß auf einem Halbmond oder einer Schlange stand oder die in ähnlicher Weise mit Symbolen der großen Muttergöttin verbunden waren. Und Rieke hatte sie damals fast immer auf ihrer Suche begleitet.

Auf das Thema war Laura wie zufällig gestoßen, als sie Rieke einmal zu einer ihrer Tanten in einen kleinen Ort namens Filzen begleitet hatte. Sie wohnte in einem Bauernhof genau gegenüber der Kirche. Und als sie und Rieke wieder nach Hause fahren wollten und das Haus verließen, blickten sie geradewegs auf das Portal der Kirche und sahen sich einer inniglich dreinlächelnden Marienfigur gegenüber, die auf einem Halbmond stand.

Was hatte Maria mit dem Symbol der großen Mutter- und Mondgöttinnen zu tun? Das ließ Laura von da an keine Ruhe mehr. Sie machte die Frage zum roten Faden ihres Referats und begab sich auf die Suche nach einer Antwort.

Manchmal fuhren sie und Rieke mit dem Fahrrad bis zu dreißig Kilometer, um Kirchen oder Kapellen zu besichtigen und nach den Überresten des alten heidnischen Naturglaubens in christlichen Marienbildnissen zu suchen. Sie hatten dabei viel Spaß gehabt, sich oft vor Lachen fast die Seele aus dem Leib geprustet und keineswegs nur Marienbildnisse gesammelt, sondern auch Erfahrung im Umgang mit dem anderen Geschlecht.

Wie weit das schon zurücklag! Dreiundzwanzig Jahre. Damals sechzehnjährig, ausgelassen und naiv, den Rucksack voller Jundmädchenillusionen vom ganz großen Glück – heute fast vierzigjährig und von all den Träumen kaum noch was übrig. Laura stieg aus und sah über das Dach des Autos hinweg Steffen an, und plötzlich fröstelte es sie. Es war vormittags elf Uhr und mindestens 35 Grad heiß, aber ihre Seele hatte kalte Füße.

Die Kirche war klein und dunkel. In der Krypta war der Sarkophag und eine Statue der heiligen Sara zu sehen. Eine schwarze Madonna, eine von denen, die sich nicht vertreiben ließen, auch nicht von den Mächtigsten der Kirche eines männlichen Gottes, der keine Frau neben sich duldete. Eine schwarze Madonna, Sara-Kali, dreieinige Göttin – Laura sah ihr ins Gesicht und lächelte.

An den Wänden hinter dem Altar Briefe, Geschenke und Votivtafeln, Prothesen, Krücken und andere Beweise erfahrener Wunder. Laura begann die Tafeln und ausgelegten Briefe zu lesen und sah sie im Geiste vor sich, die Menschen, die Sara-Kali um Hilfe gebeten hatten und später geheilt, geläutert, beseelt zurückkamen, um sich zu bedanken, während die Jahrhunderte durch die Camargue streiften, als wären es Sekunden. So erschreckend vergänglich, so klein und unwichtig war der Mensch. Und um so schlimmer doch, daß er seine begrenzte Zeit mit dieser ständigen Angst um sein bißchen Leben vergeudete, statt es zu genießen.

Steffen saß auf einer der Bänke, sah gedankenverloren vor sich hin. Vielleicht bat er auch gerade bei Sara-Kali um Gnade und ein langes Leben, das ihm die Ärzte nicht garantieren wollten. Laura beobachtete ihn nachdenklich, abschätzend, ohne ein Gefühl der Zuneigung.

Als er plötzlich auf und zu ihr hersah, hob sie die Hand, um ihm ein Zeichen zu geben, daß sie vorhatte, aufs Dach der Kirche zu steigen. Im selben Moment öffnete sich das Portal, und ein Schwarm Touristen strömte lachend und laut durcheinander redend in den heiligen Raum. Fotoapparate blitzten auf, noch bevor man sich umgesehen hatte. Das mechanische Auge ihrer Kameras sollte aufnehmen, was es zu sehen gab, und zu Hause würde man es dann vielleicht einmal betrachten.

Steffen stand auf und kam zu Laura.

»Ich will noch hinauf aufs Dach«, sagte sie, »es soll von dort oben einen Ausblick weit übers Meer geben.« Sie ging zur Treppe, und als sie bemerkte, daß Steffen ihr folgte, erzählte sie ihm, was sie in einem der Reiseführer gelesen hatte. »Diese Kirche wurde gleichzeitig auch als Fluchtburg und Aussichtsturm errichtet, denn bis ins elfte Jahrhundert war Stes-Maries-de-la-Mer immer wieder von den Mauren bedroht. Droben auf dem Dach wurden darum Wachen aufgestellt, die das Meer beobachteten und Alarm schlugen, sobald sich der Küste feindliche Schiffe näherten.«

Sie war oben angekommen, trat hinaus und blieb so unvermittelt stehen, daß Steffen gegen sie stieß. Erstaunt folgte er ihrem Blick und sah, was sie sah – auf dem Dach, nur ein paar Schritte von ihnen entfernt, saßen nebeneinander Rieke und Charly Leyendecker und lasen in einem Reiseführer.

Laura dachte daran, sich einfach umzudrehen und zu gehen, aber da hoben beide die Köpfe und sahen herüber. Sie waren genauso unangenehm überrascht, das war nicht zu übersehen, und ganz sicher hatte keiner von ihnen das Bedürfnis, mit dem anderen zu reden, aber irgendein innerer Zwang zur Höflichkeit veranlaßte sie zu einem flauen Begrüßungsgespräch.

»Hallo, ihr auch hier?«

»Ja, Charly wollte die Camarguepferde sehen.«

»Und, gefallen sie dir, Charly?«

»Nicht so gut wie du!« antwortete er.

Riekes Gesicht verzog sich, als hätte sie auf eine Zitrone gebissen, und ihr Blick verfing sich in Lauras Blicken wie eine Fliege in den Netzen einer Spinne. So starrten sich die Frauen an, und beide sahen es wieder vor sich, dieses Bild, das sie auch in 16 Jahren nie ganz vergessen konnten. Charlys alter Käfer auf dem Reiterhof. Schwarz mit einem hellblauen Kotflügel rechts vorne, denn der war an der Mauer des Wirtshauses hängengeblieben und später gegen einen vom Schrottplatz ausgetauscht worden. Die Scheinwerfer strahlten matt durch den Regen hin die Scheunenwand an. Rieke hatte das Auto kommen hören und war mit einem Schirm hinausgelaufen, um Charly abzuholen, damit er nicht naß werden sollte. Doch dann sah sie Laura auf dem Beifahrersitz, sah, wie sie sich wehrte, verzweifelt gegen zwei Hände rang, die sie nach hinten drückten und ihr das Kleid über die Schenkel nach oben schoben.

Rieke riß die Tür auf und schrie: »Scheiße, was macht ihr da, verdammt noch mal!« Und das rettete Laura vermutlich vor einer Vergewaltigung.

Später erzählte Charly herum, er hätte Laura unterwegs auf ihrem Rad getroffen und sie wegen des Regens im Wagen mitgenommen, und dann hätte sie ihn angemacht, ihn geküßt und gereizt, bis er nicht mehr an sich halten konnte. Es wäre nur Lauras Schuld gewesen, daß er sich so vergessen hatte.

Aber niemand hatte ihm das wirklich geglaubt, nur Rieke ließ sich nicht von Lauras Unschuld überzeugen. Laura wäre ja schon immer hinter den Kerlen hergewesen, und jetzt mußte sie also auch noch ihr den Mann ausspannen! Eine unheimliche Wut war in Riekes Augen gewesen, als sie Laura diesen Vorwurf hinknallte, nie zuvor hatte Laura sie so voller Haß gesehen. Und dann folgte die Exekution, die Kündigung der Freundschaft.

»Ich will nie wieder etwas mit dir zu tun haben, hörst du, nie wieder!«

Laura hatte ihr noch einen Brief geschrieben, in dem sie versuchte, die Sache aufzuklären, aber der Brief kam ungeöffnet zurück, und sie fügte sich in das Unabwendbare, allerdings nicht, ohne nun ihrerseits Wut und Haß zu empfinden. Auf Charly natürlich, aber auch auf Rieke, von der sie sich schmerzlich verraten fühlte. Schon eine einzige Lüge von einem Charly Leyendecker genügte, und sieben, fast acht Jahre engster Freundschaft galten plötzlich nichts mehr. Das traf Laura ganz tief im Herzen.

Laura fühlte plötzlich Steffens Hand auf ihrem Arm und sah ihn an. Er stand neben ihr, nur zwei Schritte von den Zinnen entfernt und starrte wie hypnotisiert hinaus aufs Meer. Dann griff er sich mit seiner anderen Hand dort hin, wo sein Herz war, und er flüsterte heiser: »Ich muß hier runter, sofort, ich kann das nicht... mein Herz, ich kann einfach nicht mehr wie ein kleiner Junge auf Dächern herumklettern!«

Wären Rieke und Charly Leyendecker nicht gewesen, Laura hätte sich über Steffen geärgert. Immer dieses Theater! Mein Herz, ich kann das nicht mehr! Ich kann doch nicht mehr am Leben teilhaben und so tun, als ob es mir Freude machte!

Aber jetzt, unter diesen Umständen, war Laura ihm beinahe dankbar dafür, möglichst schnell von hier weg zu können. Sie murmelte etwas von »bis später, dann«, griff Steffen am Ellenbogen, schob ihn zur Tür, stieg mit ihm die Treppe hinunter und hatte fürs erste genug von der Camargue. Kein Mittagessen mit Meeresfrüchten, Pasteten, gegrilltem Fisch und Listel, dem Sandwein, der nur hier wirklich nach Sand schmeckte, nichts mehr von alledem. Am besten, sie würden nach Arles fahren oder noch besser nach Avignon, damit sie weit genug weg waren von Rieke und Charly Leyendecker.

Am Abend nahm Laura nicht am gemeinsamen Essen teil. Sie ließ sich von Madame Constant ein Schüsselchen mit Joghurt geben und bat um die Erlaubnis, sich im Garten ein paar Kirschen pflücken zu dürfen. Der Großteil der Kirschen war zwar bereits geerntet, aber vereinzelt hingen hier und da noch ein paar an den Zweigen.

Um sie zu erreichen, mußte Laura in den Baum klettern, zuerst über eine Leiter, die nach der Ernte wohl vergessen worden war, dann waghalsiges Turnen auf den Ästen. In den ersten Jahren ihrer Freundschaft waren sie und Rieke auch in Bäumen rumgeklettert. Da standen im Garten vom Malermeister Hunshaus drei Obstbäume. Zwei trugen Zwetschgen, einer wunderbar süße und saftige Herzkirschen. Die hatten es ihnen angetan, und als Hunshausens am Sonntagmorgen in der Kirche waren, klauten sie sich davon soviel sie essen konnten. Dummerweise war aber die Großmutter daheim geblieben, weil sie ein schlimmes Bein hatte, und entdeckte die Mädchen bei dem Diebstahl. Sie erkannte Rieke, deren Vater Fliesenleger war und schon öfter mit ihrem Sohn zusammengearbeitet hatte und beschwerte sich bei ihm. Außerdem verlangte sie von ihm den Wert der gestohlenen Kirschen in barer Münze zurück. Zwanzig Mark wollte sie haben, oder sie würde zur Polizei gehen.

Riekes Vater bezahlte, aber die Sache hatte natürlich ein Nachspiel. Rieke bekam ein paar saftige Ohrfeigen und das Geld von ihrem ohnehin viel zu spärlichen Taschengeld wieder abgezogen; außerdem durfte sie drei Sonntage nicht mehr aus dem Haus. Das mit dem Geld und den Ohrfeigen war nicht so schlimm, denn das Geld bekam sie von Laura zurück, die davon immer schon mehr als genug gehabt hatte, und an Ohrfeigen war Rieke längst gewöhnt. Aber der Hausarrest, der tat beiden weh, denn sonntags, da gingen sie gemeinsam zu den Pferden, und das war wie ein heiliges Ritual für sie.

Der Reiterhof, der heute Rieke und Charly Leyendecker gehörte, lag fünf Kilometer außerhalb des Ortes, in dem die Mädchen damals wohnten. Die Besitzer waren zwei alte Bauersleute, die anfangs nur eine Koppel und ein paar Kutschpferde hatten, auf denen sie Kindern das Reiten beibrachten, aber dann ließ sich der Sohn zum Reitwart ausbilden und baute den Betrieb aus. Zehn Schulpferde, eine kleine Halle, noch mal sechs Boxen für Pensionspferde, die anfangs leer standen, dann aber nach und nach belegt wurden. Später sogar von einer kleinen Stute mit viel Araberblut, die Laura gehörte.

Laura im Baum aß Kirschen und erinnerte sich an diese Zeiten, als plötzlich Rieke ums Eck bog und geradewegs auf den Baum zukam, in dem sie saß. Laura wollte nicht entdeckt werden, verhielt sich deshalb still und schickte ein Stoßgebet gen Himmel, Rieke möge an dem Baum vorbei und hinüber zum Feldweg gehen, der zwischen den Weinreben hindurch in Richtung Wald führte. Von ihrem Platz aus beobachtete sie Rieke, deren verärgertes, griesgrämiges Gesicht in krassem Gegensatz zu ihrem fröhlichen, weitschwingenden weißen Kleid mit den großen Klatschmohnblüten stand. Das Kleid war hübsch und ließ sie nicht so alt aussehen wie die dunkelbraune Bluse mit den weißen Punkten, die sie am Vormittag in Stes-Maries-de-la-Mer getragen hatte, aber man sah, daß es billige Kaufhausware war. Rieke hatte es sich bestimmt nur für diesen Urlaub gekauft, denn wann sollte sie sonst schon einmal ein Kleid tragen können? Von den Frauen aus anderen Reitbetrieben wußte Laura, daß sie aus Zeit- und oft auch aus Geldmangel kaum einmal weiter als bis zum nächsten Supermarkt kamen.

Rieke war kurz am Swimmingpool stehengeblieben, hatte in das von der Abendsonne glänzende Wasser gestarrt, als ob sie darüber nachdächte, sich hineinzustürzen, um ihrem Leben ein Ende zu bereiten. Dann hatte sie aber plötzlich auf der Ferse kehrtgemacht und ging nun auf die Leiter zu, legte ihre rechte Hand auf die Sprossen, dann ihre Stirn auf die Hand und sagte laut zu sich selbst:

»Scheiße, verdammt, warum muß er sich nur ständig besaufen, ich hasse ihn!« Sie hatte schon immer eine recht deftige Art gehabt, ihre Gefühle auszudrücken.

Eine Weile stand sie so da, dann sah sie plötzlich nach oben und entdeckte Laura im Baum. »Was tust *du* denn dort droben!« fuhr sie sie an, nun noch mehr verärgert, weil sie sich beobachtet und entdeckt fühlte.

»Ich sitze hier und esse den spärlichen Rest von Kirschen, der noch zu pflücken ist.«

»Ach! Und warum tust du das so heimlich, still und leise, daß dich niemand bemerkt?«

»Ich tu' es gar nicht heimlich, still und leise. Madame Constant hat es mir erlaubt«, sagte Laura, sprang herunter und stand nun neben Rieke. »Und überhaupt brauchst du mich gar nicht so anzufahren. Ich kann ja auch nichts dafür, daß du mir ständig über den Weg läufst.«

»Wieso ich dir? Du mir!«

»Na schön, wir beide uns. Aber vielleicht hat es ja auch einen tieferen Sinn, daß wir uns offensichtlich nicht mehr aus dem Weg gehen können? Ich meine, vielleicht ist es ganz einfach an der Zeit, endlich die Dinge zu klären?«

»Ich wüßte nicht, was es da heute noch zu klären gäbe und habe außerdem auch gar kein Interesse daran, die alten Kamellen aufzuwärmen«, sagte Rieke schroff.

»Wenn es da wirklich nichts mehr zu klären gibt, warum benimmst du dich mir gegenüber dann heute keinen Deut anders als vor sechzehn Jahren? Ich will von deinem Charly nichts, verstehst du, rein gar nichts! Also bitte, verschone mich mit deiner lächerlichen Eifersucht und laß uns für die Tage hier wenigstens den Anschein erwecken, als seien wir zwei vernünftige, erwachsene Frauen von fast vierzig Jahren, denen es möglich ist, ganz unverbindlich miteinander umzugehen!«

Sagte es und ließ Rieke einfach stehen, ging hinein, goß sich an der Hausbar einen Cognac ein und verzog sich für den Rest des Abends auf ihr Zimmer.

Als Laura und Steffen am nächsten Morgen zum Frühstück ins Speisezimmer kamen, saßen Rieke und Charly, ein junges Paar und Madame Constant am Tisch. Madame Constant stand sofort auf und ging ihnen entgegen, faßte Laura am Arm und sagte: »Kommen Sie, ich habe Sie ja noch gar nicht mit Herrn und Frau Eberling bekannt gemacht. Die beiden sind hier auf Hochzeitsreise, und ich finde immer, man sieht ihnen richtig an, wie glücklich sie sind!«

Laura nickte und gab den jungen Leuten die Hand. »Freut mich, Sie kennenzulernen.« Damit trat sie zurück, um Steffen Platz zu machen, und Madame Constant sagte: »Ja, und das sind Frau und Herr Reims, sie kommen ebenfalls aus Deutschland und wollen vierzehn Tage bei uns bleiben.«

Als Steffen Frau Eberlings Hand drückte, ihr dabei in die

Augen sah und dann eine Verbeugung andeutete, konnte man in ihrer Mimik regelrecht lesen, was in ihr vorging. Dem Ausdruck von gelangweiltem Desinteresse folgte der Moment des Erkennens, dann machte sich auf ihrem farblosen, flachen Gesicht ein erstauntes Lächeln breit, das ihr einen leicht dümmlichen Ausdruck gab.

»Ja, wirklich, Sie sind es!« rief sie mit hoher, sich überschlagender Stimme. »Ich erkenne Sie, Sie sehen genauso aus wie im Fernsehen!«

Steffen war, wie meistens in solchen Augenblicken, hin- und hergerissen zwischen Geschmeicheltsein und Ärger über die Aufdringlichkeiten, die gleich folgen würden. Daß sie folgen würden, war so sicher wie das Amen in der Kirche. Sein Gesicht nahm jenen Ausdruck an, den Laura *wächsern* nannte, weil er sie an die Wachsfigurengesichter von Madame Toussaud erinnerte, und er versuchte den alten Trick, Frau Eberling zu seiner Verbündeten zu machen.

»Ich bitte Sie«, flüsterte er, »lassen Sie mir mein kleines Geheimnis! Ich bin ganz inkognito hier und brauche dringend ein paar Tage Ferien von meinem zweiten Ich.«

»Ja natürlich, das verstehe ich!« Sie strahlte. »Aber Sie müssen mir unbedingt ein Autogramm geben! Und mein Mann muß ein Foto machen, auf dem wir gemeinsam drauf sind, am besten am Swimmingpool.«

»Selbstverständlich. Es wird mir eine Freude sein«, antwortete Steffen, mühsam um Fassung ringend. Er wandte sich Herrn Eberling zu, der ihn mit unverhohlener Abneigung anstarrte, und verbeugte sich auch vor ihm, dann nahm er am anderen Ende des Tisches Platz.

Laura beobachtete, wie Herr Eberling ihm nachsah. Sein Blick war von Eifersucht durchtränkt. Er schien es gar nicht fassen zu können, daß da einer war, der ihm den Rang ablief, und mit dem seine frisch Vermählte unbedingt auf ein Foto am Swimmingpool wollte, das sie dann vermutlich all ihren Freundinnen zeigen würde. Schließlich war sie *seine* Frau und hatte ihm erst vor ein paar Tagen vor Gott und der Welt geschworen, daß er auf ewig ihr Gockel war und sie nie einen anderen Hahn neben ihm haben würde.

Laura grinste über ihr gedankliches Wortspiel und wandte sich dem Frühstück zu. Baguette, Croissants, frische Kirschmarmelade, ein Mus aus gesüßten Tomaten, Mandelbiskuits, Käse und Obst. Dazu Kaffee, Tee und Fruchtsaft. Sie besah sich alles und mußte an Dr. Lenoits Eßleidenschaft denken.

»Wirklich, wie Gott in Frankreich!« sagte sie laut und lächelte Madame Constant an. »Wo sind überhaupt Theo de Burger und seine Frau?«

»Ach, Himmel, die schlafen doch bis mindestens drei Uhr!«

Sie erzählte Laura von den verdrehten Zeiten der de Burgers, während Laura ein Mandelbiskuit aß und einen Schluck Kaffee dazu trank. Als sie mit ihrem Biskuit fertig war und ihr Blick von neuem über den Tisch wanderte, sagte Rieke:

»Du mußt unbedingt die Croissants probieren, die schmecken ganz anders als bei uns – einfach wunderbar!«

Sollte das etwa ein Friedensangebot sein? Oder wenigstens das Angebot eines Waffenstillstandes? Laura sah erstaunt auf, und wirklich, Rieke versuchte sich sogar an einem Lächeln!

Laura nahm eins der Croissants und biß erwartungsvoll hinein. »Mhmmm, du hast recht«, sagte sie, »sie schmecken wirklich ausgezeichnet!«

»Übrigens«, meldete sich plötzlich Charly zu Wort, »war ich gestern abend noch ein bißchen mit dem Auto unterwegs und habe bei dieser Gelegenheit ganz in der Nähe einen Hof mit Pferden entdeckt.«

»Aber natürlich«, sagte Madame Constant und erklärte: »Das sind Didier und Marie Canty. Sie haben vor einiger Zeit ein altes *mas* geerbt, einen ziemlich heruntergekommenen Hof, den sie sofort an einen Pariser Geschäftsmann verkauften. Die Kutsche, die sie in dem *mas* halb unter Heu und Stroh versteckt fanden, behielten sie aber, und Didier, handwerklich sehr begabt, richtete sie mit viel Liebe und Geduld wieder originalgetreu her. Sie kauften einem Alten aus Sénas ein gut eingefahrenes Vierergespann ab und verteilten in allen Hotels der Umgebung Prospekte, auf denen sie Kutschenfahrten durch den Lubéron anboten. Aber leider ging das Geschäft dann doch nicht so gut, wie sie sich das vorgestellt hatten.« Madame hob bedauernd die Schultern. »Nun steht die Kutsche bei einem seiner Cousins in Apt, wo Marie und Didier sich mehr Kundschaft erhoffen. Sie wollen dort Hochzeitspaare und Touristen fahren und bringen die vier Pferde nun bei Bedarf mit einem Kleintransporter nach Apt.«

»Ich habe die Leute gefragt, ob man die Pferde denn mal zum Reiten mieten könnte, und sie waren einverstanden«, sagte Charly, sah von seiner Frau zu Laura und fragte dann: »Na, wie wär's? Da euch die Gegend doch so fasziniert, zu Pferd käme man bestimmt weit herum.«

Mit Rieke und Charly ausreiten! Das fehlte Laura noch. Sie war gerade dabei, sich eine triftige Ausrede zu überlegen, als zu ihrem ganz großen Erstaunen Steffen antwortete: »Ja, warum eigentlich nicht? Ein oder zwei Stunden ausreiten, ganz gemütlich, ohne zu hetzen, das würde mir schon gefallen.«

»Aber du bist doch mindestens zwei Jahre nicht mehr auf einem Pferd gesessen«, versuchte Laura das Unheil abzuwenden. »Und dann, denk an dein Herz!«

»Ich sagte ja schon, es müßte ein gemütlicher Ausritt sein. Und selbstverständlich müßten wir früh morgens aufbrechen, solange es noch nicht so unangenehm heiß ist.«

»Na also, ein Mann, ein Wort!« Charly zwinkerte Laura zu, als hätte sie sich mit ihm verbündet. »Ich fahre gleich zu diesen Cantys rüber und bestelle für morgen früh sechs Uhr die Pferde.«

Damit stand er auf und verließ grußlos den Raum, und Rieke warf Laura schon wieder giftige Blicke zu.

3. Kapitel

Marie Canty war Ende Zwanzig. Sie hatte dunkelblondes Haar, wirkte abgearbeitet, trug farblose alte Kleidung, und ihr Blick war so mürrisch wie der Klang ihrer Stimme. Mit den Pferden ging sie schnell und sicher um, aber man merkte, daß es ihr nur lästige Pflicht war, die Tiere zu versorgen. Laura dachte darüber nach, warum das so war, warum Menschen sich oft sehnsüchtig Pferde wünschten und dann, wenn sie ihr Hobby zum Beruf gemacht hatten, auf einmal alle Freude verloren, weg wie verpufft! Sie hatte viele und dann vor allem Frauen kennengelernt, denen es so erging und die genauso vergrämt aussahen wie Rieke oder diese Marie Canty.

Die Pferde waren gute Mittelklasse. Drei Stuten, ein Wallach, alle dunkelbraun und zwischen acht und zwölf Jahre alt. Wenn sie so gut aufeinander eingefahren waren, wie sie rein äußerlich zusammenpaßten, dann steigerte das ihren Wert enorm, denn ein gutes Vierergespann bekam man nicht an jeder Straßenecke. Das Sattelzeug, das Marie Canty brachte, war allerdings eher schäbig, wahrscheinlich wahllos zusammengekauft. Damit die Sättel keine Druckstellen verursachten, wurden dreifach gefaltete Decken untergelegt.

Als alles so weit fertig war, erklärte Madame Canty den Weg.

»Am besten, Sie reiten dort hinauf und halten sich einfach immer links, dann kommen Sie nach einer knappen Stunde von dort wieder zum Hof zurück.« Sie deutete zuerst auf einen Feldweg, der zwischen zwei Weinhängen durchführte und in felsige Höhen anstieg, dann auf einen Weg, der aus einem Waldabhang kam und direkt auf das *mas* der Cantys zulief. »Irgendwann werden Sie einmal in der Ferne ein Dorf ausmachen können, das an einen steilen Hang gebaut ist und von einer Kirche mit einem auffälligen Glockenturm überragt wird – das ist Bonnieux. An dieser Stelle gabelt sich der Weg. Es ist egal, welchen Sie nehmen, beide führen hierher zurück.«

Die vier bedankten sich bei Marie Canty und stiegen auf. Charly hatte den Wallach genommen und ritt voraus, Rieke folgte ihm, dann kam Laura und am Schluß Steffen. Schon nach ein paar hundert Metern stieg der Weg an und führte beständig nach oben. An manchen Stellen sah nackter Fels aus dem Gestrüpp, an anderen war der Boden dicht mit niederem Strauchwerk und Beeren bewachsen, und über allem hing ein beständiger Duft von Rosmarin und Thymian. Später tauchte der Weg dann in einen Wald ein, wand sich um Felsen, die unvermittelt wie aus dem Boden wuchsen, führte auf eine Lichtung, die nach einer Seite hin offen war und einen weiten Ausblick über den Lubéron ermöglichte. Täler, felsige Hügel und Berge, Waldstücke, und über all dem ein tiefblauer Himmel.

»Dort drüben, das Dorf mit der auffälligen Kirche, das muß dann wohl Bonnieux sein«, sagte Laura und ließ ihre Hand in weitem Bogen über den Horizont nach rechts kreisen, wo an einen Nordhang helle Sandsteinhäuser gebaut waren, zwischen denen sich eine Straße immer höher und höher hinaufwand, bis zu einer im Licht der Sonne weiß leuchtenden Kirche. Dabei fiel ihr die Gerte aus der Hand und landete halb am Abhang im Himbeergestrüpp. Sofort sprang Charly vom Pferd, holte die Gerte und gab sie Laura zurück. Dabei lächelte er sie an, bot all seinen Charme auf, so wie er es immer tat, wenn ihm eine Frau gefiel und er sie haben wollte.

Rieke fühlte, wie ihr die Wut den Hals zuschnürte, daß sie kaum noch Luft bekam. Warum mußte er nur immer wieder hinter allen möglichen Frauenröcken her sein und sie damit so kränken! Warum konnte er noch nicht einmal auf dieser Reise, die doch ihr Geburtstagsgeschenk war, ein bißchen Rücksicht auf sie nehmen! Als er an ihr vorbeikam, um wieder aufzusteigen, umklammerte sie ihre Gerte so fest, daß die

Knöchel ihrer Hand hervortraten und ihr Gesicht durch die Anspannung noch härter und vergrämter aussah.

Laura hatte sich wortkarg bedankt und dann Rieke angesehen. Ein Blick, der ihr sagen sollte, daß sie das alles schließlich nicht wollte, daß es ihr selbst auf die Nerven ging, dieses blödsinnige Werben nach Art eines eitlen Gockels. Aber Rieke warf den Kopf in den Nacken und sah weg, bedachte sie keines Blickes mehr, bestrafte sie mit Mißachtung – genau wie damals, Rieke war immer noch dieselbe dumme Pute, und Laura hätte ihr jetzt am liebsten eins vor den Latz geknallt.

Ein paar Meter weiter gabelte sich der Weg. Sie nahmen den rechten, der sich immer mehr verdichtete und schließlich nur noch ein schmaler Pfad war. Als er auf eine große Lichtung einbog, mußten sie sich unter einem Ast durchbücken, und da konnte Rieke dann einfach nicht mehr an sich halten, ihre Wut mußte raus, mußte irgendwie umgesetzt werden in Handeln. Sie hielt den Ast fest, ließ ihn ein paar Schritt weiter zurückschnellen und hoffte, Laura damit den Denkzettel verpaßt zu haben, der ihr ihrer Meinung nach gebührte. Aber Laura ahnte, was kommen würde, bückte sich geistesgegenwärtig und drückte ihren Kopf an den Pferdehals, und so schnellte der Ast über sie hinweg und traf Steffen an der Stirn.

Steffen brüllte auf und faßte sich laut fluchend an die Schläfe. Er war kreidebleich, als er bemerkte, daß er blutete, und Rieke, die ja eigentlich gar nicht ihn treffen und vor allem kein Blutbad anrichten wollte, war ehrlich bestürzt.

»Da sieh nur, was du angerichtet hast!« Steffen hielt ihr die Hand hin, an der sein Blut klebte und faßte sich dann wieder an den Kopf.

»Es tut mir wirklich leid, ich wollte das nicht.«

»Das kannst du ihr ruhig glauben«, sagte Laura giftig, »denn eigentlich wollte sie ja mich treffen.«

Rieke öffnete den Mund, um etwas zu entgegnen, schloß ihn dann aber wieder und schwieg.

»Ich versteh euch nicht!« rief Steffen ärgerlich und sah von einer zu anderen. »Müßt ihr euch denn aufführen wie die Kinder? Und wenn schon, könnt ihr eure blödsinnigen Streitereien dann nicht wenigstens unter euch ausmachen?« Er hatte endlich sein Taschentuch aus der Jeans gefingert und preßte es sich jetzt gegen die Stirn. »Ich muß nach Hause und dann zum Arzt. Also, reitet endlich weiter! Na los schon!«

Laura preßte die Schenkel gegen die Flanken ihrer Stute und trabte an. Zum Arzt mußte Steffen – das paßte ihr. Sie dachte an Dr. Lenoit. Endlich wieder ein Lichtblick!

Seine Praxis war in Abt, etwa zwanzig Autominuten von Madame Constants Haus entfernt. Zwei alte Männer saßen im Wartezimmer und unterhielten sich ausgiebig über ihre Krankheiten. Der eine, er hatte an der linken Hand nur noch vier Finger und trug trotz der vormittäglichen Hitze von bereits 30 Grad eine Mütze, litt an einer *crise de foie* im Zusammenhang mit *la constiption* und *la ballonnement* und hielt seinem Zuhörer einen ausführlichen Vortrag über das beste aller Abführmittel, das von allen als einziges wirklich Wirkung tat. Und das sagte er nicht nur so dahin, wie er immer wieder betonte, sondern er sprach aus eigener Erfahrung! Der andere folgte seinen Ausführungen mit nur wenig Interesse, was Laura aus der Tatsache schloß, daß er immer wieder tief Luft holte, um ihm ins Wort zu fallen und das Gespräch auf sein eigenes Leiden zu bringen: ebenfalls eine *crise de foie*, aber *comment dirais-je*... im Zusammenhang mit *les couilles*.

Laura mußte kichern und erregte damit für ein paar Sekunden das Interesse der beiden Alten, die sie neugierig betrachteten, dann jedoch ihr Gespräch unbeirrt fortführten.

Als kurz danach die Tür aufging und Dr. Lenoit im Wartezimmer stand, um den Nächsten hereinzubitten, winkte einer der Alten Laura und Steffen zu und deutete damit an, daß sie seinetwegen zuerst reingehen konnten. Weil, wie er dann zu Dr. Lenoit sagte, sie ohnehin noch einiges Wichtiges zu besprechen hätten.

»Über *comment dirais-je*...«, wiederholte Laura des Alten

Worte von eben und lachte dazu, *»les couilles*, oder wie man bei uns sagt: die Hoden.«

Ein kurzer Blick zwischen Dr. Lenoit und Laura ließ die Luft erzittern, dann wandte der Arzt sich an Steffen und deutete auf seine blutige Schläfe. »Wie ist das denn passiert?« Er besah sich die Wunde und griff, während Steffen erzählte, zu einem Flacon mit goldfarbener Flüssigkeit, mit der er einen Wattetupfer tränkte.

»... und da läßt sie einfach den Ast los und... auah!« Steffen wich zurück, und Dr. Lenoit hob lächelnd die Schultern.

»Verzeihen Sie, es brennt ein bißchen.«

»Das habe ich gemerkt!«

Dr. Lenoit machte sich wieder ans Säubern der Wunde und meinte dann: »Es scheint nicht weiter schlimm zu sein. Ein, höchstens zwei Stiche genügen. Eine Narkose können wir uns da sparen.«

»Wie bitte? Sie müssen nähen, und das wollen Sie ohne Narkose tun?«

»Es zieht nur ein bißchen, ist nicht viel schlimmer als eine Spritze.«

Sagte es und wandte sich um, sah über die Schulter hinweg Laura an. Sie lächelte, und er dachte darüber nach, wie himmlisch es sein müßte, sie dort zu küssen, wo der kleine goldene Anhänger baumelte, den sie an einer Kette trug – über der Spalte zwischen ihren reizenden Brüsten nämlich. Vielleicht sollte er ihrem Mann doch eine Narkose verabreichen? Eine, die ihn für ein oder zwei Stunden aus dem Verkehr zog... oder besser gesagt, die ihm, Pascal Lenoit, ein ungestörtes Zusammensein mit seiner attraktiven Frau ermöglichte.

Er grinste bei diesem Gedanken und drehte sich wieder zu seinem Patienten um. »Also, Monsieur Reims, wie wünschen Sie es?«

»So ein dummes Unglück, das ist aber wirklich bedauerlich«, sagte Madame Constant und reichte die Soße an Laura weiter.

»Und er hat das wirklich ganz ohne Narkose durchgestanden?« Theo de Burger sah ungläubig drein. »Um ehrlich zu sein, das hätte ich Ihrem Herrn Gatten gar nicht zugetraut. Er wirkt auf mich... na ja, sagen wir mal, ein bißchen wehleidig.«

»Das ist er auch. Aber manchmal wächst er über sich hinaus, so wie wir alle, wenn es einen Grund dafür gibt.«

»Und was war das für ein Grund?« fragte Theo de Burger neugierig.

Laura hob lächelnd die Schulter und blieb eine Antwort schuldig.

»Ich werde Michelle später mit einer Tasse Hühnerbrühe und etwas Käse zu Ihrem Mann hinaufschicken«, sagte Madame Constant, »eine kleine Stärkung wird ihm sicher gut tun.«

»Oh, nein danke, das ist wirklich nicht nötig«, wehrte Laura ab. »Als ich vorhin das Zimmer verließ, schlief er bereits.«

»Und Ihr Mann?« fragte Madame Constant und sah Rieke an. »Warum kommt er nicht zum Essen?«

Rieke deutete auf die silberne Schale, die vor ihr auf dem Tisch stand, und versuchte ein Lächeln. »Ich glaube, er ahnte, daß es heute Wachteleier und Dorschleber geben wird.«

»Es tut mir sehr leid, daß es Ihrem Mann bei mir nicht schmeckt«, sagte Madame Constant besorgt.

»Ach«, Rieke schüttelte den Kopf, »Sie sollten sich darüber keine Gedanken machen, Madame. Wissen Sie, er wollte diese Reise nicht, hat sie nur mir zu Gefallen mitgemacht. Er wäre viel lieber nach Holland oder an die Ostsee gefahren. Er ist eben ein Mensch, der seinen Gewohnheiten nachgehen will und nicht gerne experimentiert. Aber mir gefällt es hier bei Ihnen sehr gut, und mir schmeckt auch das Essen so gut wie noch nie irgendwo vorher.«

»Dann müssen Sie aber unbedingt hiervon probieren!« Madame Constant reichte ihr ein Schüsselchen, das Michelle gerade gebracht hatte.

»Und was, bitte schön, ist das?«

»Eine Sauce aus wilden Pilzen, Oliven und Spargel, die Sie zu Ihrer Pastete essen oder auch einfach nur mit einem Stück Weißbrot auftunken können«, gab Madame Constant Antwort.

Rieke tat sich von der Sauce auf ihren Teller und kostete davon. Ein köstlicher, aber ganz ungewöhnlicher Geschmack war vorherrschend, und sie fragte, was das sei.

»Trüffel«, sagte Madame Constant und lächelte. »Es sind die Trüffel, die Sie da herausschmecken.«

»Sie meinen, richtige echte Trüffel? Schwarze Trüffel aus Frankreich?« Rieke war ehrlich erstaunt und erzählte: »Ich habe noch nie Trüffel gegessen und nur ein einziges Mal in meinem Leben welche gesehen, und das war auf meiner Hochzeitsreise nach Berlin. Wir kauften in einem Feinkostladen kandierte Früchte, die ich leidenschaftlich gerne esse, und da lagen in einem Eierkarton hinter Glas acht häßliche, knorrige, schwarze Dinger, die einen faulen, erdigen Geruch verströmten und für die ein abenteuerlicher Stückpreis verlangt wurde. Ich fragte die Verkäuferin, was das denn sei, und sie antwortete mir, schwarze Trüffel aus Frankreich. Ich muß ehrlich sein, ich verstand damals nicht, warum jemand bereit sein sollte, so viel Geld für einen einzigen Pilz zu bezahlen, der zudem auch noch so entsetzlich roch. Aber jetzt...«, sie schnalzte prüfend mit der Zunge, »jetzt versteh ich das schon besser. Es schmeckt wirklich ausgezeichnet.«

Madame Constant nickte. »Die Preise, die für Trüffel verlangt werden, sind tatsächlich etwas abenteuerlich«, gab sie zu. »Auch hier bei uns. Aber ein Provenzale, der gerne und gut kocht, kann einfach nicht auf seine Trüffel verzichten. Selbst in einfachen und billigen Restaurants werden Sie immer wieder diesem Geschmack begegnen, und wenn irgendwo in einem einfachen Bistro eines kleinen Dorfes ein gutes und vom Preis günstiges Trüffelomelette angeboten wird, dann spricht sich das herum, und so manch einer fährt mit seinem Auto ein ganzes Stück, nur um sich diese Köstlichkeit schmecken zu lassen.«

»In Apt gibt es sogar eine Art Trüffelmafia«, sagte Theo de Burger und zwinkerte Rieke verschwörerisch zu.

»Trüffelmafia!« Madame Constant schüttelte in gespielter Zurechtweisung den Kopf. »Jetzt übertreibt Monsieur de Burger aber maßlos. Es handelt sich lediglich um ein Café, das in der Trüffelsaison, also in den Wintermonaten, eine Art Umschlagplatz ist. Da sitzen an Markttagen die Männer, die Trüffel zu verkaufen haben, mit ihren Leinensäckchen, in denen sie ihre Schätze aufbewahren und warten auf ihre Kunden. Und daß bei Preisen von drei- bis fünftausend Francs pro Kilo einer Ware eine gewisse Atmosphäre von Heimlichkeit, Neid und Wichtigtuerei entsteht, wundert natürlich niemanden.«

»Drei- bis fünftausend Francs!« Rieke wiederholte es ungläubig. Dafür mußte sie einen Monat schwerste Arbeit leisten und dann auch noch das Futter für ihre Tiere bezahlen. »Und das wächst hier einfach so im Wald herum?«

»Nun, natürlich nicht einfach so, sondern einige Zentimeter unter der Erdoberfläche, und es ist sehr schwierig, die Trüffel zu finden. Die meisten lassen Hunde suchen oder bohren mit Stecken vorsichtig kleine Löcher in die Erde, um zu sehen, ob eine Trüffelfliege herauskommt, was ein untrügliches Zeichen ist, daß da der begehrte Pilz wächst. Manche lassen aber auch nach guter alter Tradition ein Schwein suchen, denn Schweine haben, zumindest was Trüffel betrifft, viel bessere Nasen als Hunde.« Madame lachte und zuckte mit den Schultern. »Doch leider ist es sehr umständlich und auffällig, mit einem Schwein zu arbeiten. Es muß zuerst einmal dorthin transportiert werden, wo man annimmt, Trüffel zu finden, und dann ist es wiederum eine Kunst, dem Schwein die aufgespürten Trüffel vorzuenthalten, denn es wird versuchen sie zu fressen, egal, wer oder was sich ihm dabei in den Weg stellt.«

»Für ein Schwein ist der Geruch von Trüffeln nämlich ein sexueller Reiz«, wußte Theo de Burger zu berichten, wofür er von Karen mit einem strafenden Blick bedacht wurde.

»Aber was stimmt, das stimmt schließlich!« verteidigte er sich.

»Nur daß ausgerechnet du immer so etwas weißt!« rügte ihn seine Frau.

Theo lächelte. »Ich habe es gelesen. Ich bin eben ein gebildeter Mann!«

»Ach was, ein gebildeter Mann – ein altes Ferkel bist du!«

Theo seufzte. »Nur leider nicht mit der entsprechenden Trüffelnase ausgestattet. Sonst könnten wir nämlich hier wohnen bleiben, du könntest mich ab und zu unter einer Trüffeleiche oder an den Haselnußhecken schnüffeln lassen und wir hätten für den Rest unserer Zeit ausgesorgt. Nie wieder nachts Butter, Kakao und Aufschnitt verkaufen, immerzu Lubéron, Lavendelduft, Rosé und Pastis und Madame Constants reizende Gastfreundschaft genießen! Da hätten wir dann aber wirklich Schwein gehabt, was, Mäuselchen?«

›Mäuselchen‹ mußte lachen und Laura fragte, ob die beiden denn schon oft hier in dieser Gegend waren, weil ihr wiederholt aufgefallen war, wie gut sie über die hiesigen Gepflogenheiten Bescheid wußten.

»Dieses Jahr zum siebenten Mal«, erzählte Karen. »Allerdings nicht bei Madame Constant, ihr Haus haben wir leider erst auf unserer letzten Reise in den Lubéron kennengelernt.«

»Ganz zufällig«, sagte Theo, »als wir uns auf einer unserer ausgedehnten Wanderungen verliefen. Plötzlich standen wir vor diesem wunderschönen Anwesen. Wir haben uns auf den ersten Blick in Haus und Besitzerin verliebt und buchten sofort fürs nächste Jahr. Voilà, und hier sind wir!«

»Wir kommen auf Empfehlung her«, erzählte Rieke. »Eine meiner Reitschülerinnen, eine Frau Camisar – sie hat französische Vorfahren, die wohl irgendwie aus dieser Ecke stammen – hat mir von Ihrer Pension erzählt.«

»Ja, richtig, ich erinnere mich an Frau Camisar. Sie war zwei- oder dreimal mein Gast, als sie wegen einer Erbschaft und dem Verkauf eines Hauses hier zu tun hatte. Sie ist Richterin von Beruf, nicht wahr?«

»Stimmt. Bis vor einigen Wochen hatte sie ein Pferd in unserem Stall stehen, eine Stute. Leider ist sie ihr beim Fohlen eingegangen, das war eine traurige Sache.« Rieke nahm einen Schluck Rosé und wandte sich wieder Madame Constant zu. »Darf ich Sie fragen, wie Sie zu diesem wunderschönen Anwesen kommen? Ich meine, ist es ein alter Familienbesitz und hat Ihre Familie schon immer hier gewohnt, oder haben Sie es gekauft, um sich hier anzusiedeln?«

»Dieses Haus war einmal so etwas wie unser Landsitz, oder wie man heute sagen würde: ein Ferienhaus«, erklärte Madame. »Meine Familie kommt aus Paris, mein Vater war Industrieller. Er besaß eine Fabrik, in der Nähmaschinen und Fahrräder hergestellt wurden. Aber im Zweiten Weltkrieg verloren wir alles. Die Fabrik wurde zerstört und ausgeplündert, das Haus, in dem wir lebten und in dem ich auch geboren wurde, besetzten die Deutschen und brannten es aus Unachtsamkeit ab. Alles, was unserer Familie blieb, war dieses Haus hier, und nach dem Krieg ging ich mit meiner Mutter, die den Tod ihres Mannes und ihrer beiden Söhne nie verwinden konnte, hierher. Ich gab die Ländereien in einer Art Pacht an meine Nachbarn ab, die sie seitdem bestellen und mir dafür jedes Jahr die Hälfte der Erträge zukommen lassen. Sie bauten Wein, Kirschen, Lavendel und früher auch Oliven an. Aber dann erfroren im Winter 1956 alle Bäume, und wir beschlossen, auf Sonnenblumen umzustellen, denn ein Olivenbaum trägt erst ab dem 35. Lebensjahr, und die Gefahr eines zu kalten Winters ist bei uns doch groß.«

»Für einen Olivenbaum ist eine Temperatur von mehr als sieben Grad Minus nämlich schon der sichere Tod«, erklärte Theo, schob sich eine Gabelfuhre Pastete mit Pilzsauce in den Mund und küßte dann nach französischer Art seine Fingerspitzen, um zu zeigen, wie gut es ihm schmeckte. »Einfach himmlisch, Madame Constant, Sie haben sich wieder mal selbst übertroffen!«

Madame Constant bedankte sich für das Kompliment und fuhr fort: »Aus dem Haus machte ich dann die Auberge ›Au Bouquet Lavande‹, denn Zimmer hatten wir mehr, als wir brauchten, und Kochen und das Bewirten von Gästen war das einzig Vernünftige, was ich als Tochter aus *gutem Hause*, wie man das zu meiner Zeit nannte, gelernt hatte. Außerdem konnte ich mich auf diese Weise um meine Mutter kümmern und gleichzeitig unseren Lebensunterhalt verdienen – es war die bestmögliche Lösung für uns beide.«

Rieke sah auf und sah sie an. »Hassen Sie uns Deutsche denn nicht manchmal für das, was Ihnen angetan wurde?«

»Aber wie könnte ich? Ich verdiene doch meinen Lebensunterhalt durch sie, und dann... solange wir uns noch mit unseren nächsten Nachbarn und Freunden streiten, die gleich um die Ecke wohnen, so lange sind wir kein bißchen besser als die Inquisitoren, die Nazis, die Serben oder die Amerikaner, um nur einige zu nennen, die große Kriege führten. Ob Vietnam, Bosnien, die Hexenverbrennungen oder die Verfolgung der Waldenser hier im Lubéron vor 450 Jahren, immer geht es doch um dasselbe, um das Abwälzen der Schuld und die Erlangung von Macht.«

Madame Constant nahm einen Schluck Rosé, dann schüttelte sie den Kopf und fuhr fort: »Solange wir, Madame Rieke, noch mit dem Finger auf die anderen zeigen, die angeblich alle viel schlimmer sind als wir selbst, so lange werden wir keine bessere Welt bekommen, als die, die wir gerade haben. Soll ich Ihnen einmal sagen, was uns Menschen meiner Meinung nach ins Paradies zurückbrächte?«

Rieke nickte. »Doch ja, das würde mich schon interessieren.«

»Die Schuld, die wir dem anderen aufdrücken wollen, bei uns selbst sehen und sie uns dann vergeben können. Auf diese Weise hätten wir endlich Zeit für die Liebe. Und wo es wirkliche Liebe gibt, da ist auch das Paradies!«

Rieke sah von Madame zu Laura, dann auf ihren Teller. Sie schob sich einen Bissen von ihrer *civet* von Kaninchen in den Mund, das Michelle eben servierte. Es schmeckte ausgezeichnet, aber der Bissen blieb ihr aus irgendwelchen Gründen wie ein Kloß im Halse stecken.

Nach dem Essen ging Rieke hinaus in den Kräutergarten und setzte sich an den Brunnen. Der Stein war noch warm von der Sonne, und in den Krüppeleichen saß ein Vogel und sang. Rieke dachte über Madame Constants Worte nach. Die Schuld bei uns selbst suchen. Aber wieviel Schuld und welche Schuld? Etwa alle? Etwa auch die Schuld daran, daß ihr Charly seit sechzehn Jahren fremdging, daß ihr Leben eine einzige freudlose Plackerei war und ihr Sohn so faul, daß er seinen müden Hintern kaum hoch- und schon gleich gar nicht auf ein Pferd brachte? An all dem sollte wirklich sie selbst schuld sein? Sie konnte das nicht einsehen oder wollte es nicht... und doch, ihr Herz klopfte ganz seltsam bei diesen Gedanken, so wie Herzen eben klopfen, wenn sie sich auf frischer Tat ertappt fühlen oder hochschrecken aus einem Alptraum.

Rieke hatte nur ein paar Minuten so dagesessen, als auch Laura in den Garten kam. Zuerst bemerkte Laura Rieke nicht, richtete ihren Blick auf die Lavendelrabatte neben dem Weg, in der es beständig summte und surrte, und als sie dann hochsah und Rieke entdeckte, stand sie ihr fast schon gegenüber.

»Ein lauschiges Plätzchen, nicht wahr«, sagte Rieke, »man kann so schön träumen hier!«

»Und wovon träumst du gerade?« fragte Laura mit einem Hauch von Ironie in der Stimme. »Von früher, oder von neuen, besseren Zeiten?«

»Davon hierzubleiben. Das müßte schön sein. Ein altes *mas*, gerade genug Geld, um leben zu können, und diese wunderschöne Umgebung – mehr bräuchte ich nicht.«

Laura setzte sich zu ihr und sah sie an. »Und was ist mit deinem Charly, hat der in diesen Träumen auch einen Platz?«

»Ich glaube nicht, daß er sich hier wohlfühlen würde. Und außerdem, es sind ja nur Träume, und die haben nichts mit der Realität zu tun. Realität ist nämlich, daß Charly schon seit drei Stunden in Bonnieux oder Apt ist, vermutlich in einer Kneipe oder vielleicht...« Sie brach ab, warf den Kopf in den Nacken und schloß die Augen.

»Oder vielleicht bei einer Frau, wolltest du sagen?«

Rieke gab keine Antwort, rührte sich noch nicht einmal, sie sah aus, als hätte sie vor, zu Stein zu werden.

»Mein Gott, warum machst du ihn nicht einfach einmal so richtig eifersüchtig? Warum guckst du nur zu und spielst die Leidende, statt auch aktiv zu werden?«

»Mensch, du hast doch keine Ahnung, wovon du redest!« fuhr Rieke auf. »Bevor Charly eifersüchtig auf mich wird, regnet es eher noch Goldmünzen.«

»Hast du es denn schon einmal ausprobiert?«

»Nein.«

»Also, warum sagst du es dann? Wenn du es nicht ausprobiert hast, kannst du auch nicht wissen, wie er reagiert.«

»Ich kenne ihn. Außerdem, einer, auf den Charly Leyendecker eifersüchtig werden sollte, müßte schon was hermachen, denn mein lieber Mann glaubt, daß ihm so schnell keiner das Wasser reichen kann!«

»Flirte doch mal mit Steffen. Ich meine, Steffen sieht nicht nur gut aus, sondern ist auch noch berühmt. Ich kann dir aus Erfahrung sagen, das macht so manche Frauen ganz schön heiß, und das weiß auch dein Charly.«

Rieke sah Laura an, dann brach sie in Lachen aus. »Ich soll mit deinem Mann flirten? Also, ich mag zwar naiv sein, aber dumm bin ich nicht. Sogar ich habe schon bemerkt, daß dein Steffen mich weder besonders attraktiv noch besonders nett findet. Bevor der mit mir flirtet, geht die Welt unter!«

Laura schüttelte den Kopf. »Ja hast du in den letzten sechzehn Jahren denn wirklich alles verlernt und vergessen? Unsere ganzen tollen Tricks aus der Erinnerung gestrichen?«

Rieke dachte nach, sagte dann: »Du meinst, die Sache mit

Peter und dem Schönling in dem roten Sportwagen, den ich nach dem Weg gefragt habe?«

»Genau das meine ich. Mit Steffen brauchst du dich einfach nur über sein Herz zu unterhalten. Da kommt er sicher in Fahrt, und den Rest machst du doch mit links!«

»Ach, ich weiß nicht, das ist doch alles Blödsinn. Charly kauft mir das nie ab und außerdem... wahrscheinlich wäre er sogar froh, wenn er mich billig loskriegen könnte.« Sie stand auf. »Ich bin müde, ich lege mich jetzt hin, also, gute Nacht!« sagte sie und ging davon.

Laura sah ihr kopfschüttelnd nach. Himmel, was war aus Rieke bloß für eine Trantüte geworden! Dabei hatte die früher einmal so viel Pep und Humor gehabt.

4. Kapitel

Theo de Burger hatte beim Abendessen von diesem Steinbruch erzählt. Nachdem er stillgelegt worden war, hatte ihn ein Künstler gepachtet, um dort überdimensionale Schrottplastiken aufzustellen. Nachdem sich Laura und Steffen in den letzten Tagen solche Touristenhochburgen wie Gordes, Les Baux und die Fontaine-de-Vaucluse angesehen hatten, schien das gerade der rechte Ausgleich zu sein, und sie fuhren gleich am nächsten Morgen hin.

Der Künstler hieß Ludewik, hatte eine polnische Mutter, einen spanischen Vater und sprach neben Französisch und Spanisch auch ausgezeichnet Deutsch, Englisch und Polnisch. Wenigstens behauptete er das. Überhaupt war er sehr redselig und vertraute Laura und Steffen nebst ein paar geheimer Rezepte zur Zubereitung von Bouillabaisse, Drosseln, Lammfleisch, der berühmten provenzalischen *aioli* und einem im offenen Feuer gegrillten Camembert auch noch sein geheimstes Geheimnis ganz persönlicher Art an – seine Liebe zum Tod nämlich.

»Oder sollen wir besser sagen, meine Angst vor dem Tod?« Die Frage, die Ludewik an Laura stellte, war rein rhetorisch, und er beantwortete sie, nachdem er mit den Schultern gezuckt und die Hände wie im Gebet gen Himmel gehoben hatte, gleich selbst. »Wahrscheinlich stimmt beides, denn Angst und Liebe sind ja zwei synonyme Begriffe.«

»Dies allerdings nur bei sehr abstraktem Sprachgebrauch«, wandte Steffen ein, und es klang gar nicht freundlich, wie er das sagte.

Ludewik streifte ihn mit kurzem, abschätzendem Blick, dann wandte er sich wieder an Laura.

»Haben Sie schon einmal darüber nachgedacht, Madame, daß auch der Tod ein Kunstwerk sein kann«, fragte er sie und zwirbelte dabei nachdenklich seinen abenteuerlich langen Schnauzbart à la Dali.

»Nein«, antwortete Laura. Sie sah mit schnellem Seitenblick zu Steffen, der den Mann anstarrte wie die Schlange ihr Opfer. Sie ahnte, was in ihm vorging und wünschte, Ludewik würde sie endlich in den Steinbruch entlassen.

Doch der Mann sprach unaufhaltsam weiter.

»Den eigenen oder auch einen fremden Tod inszenieren«, sagte er, »das wäre für mich wie das Tüpfelchen auf dem i, wie die Quintessenz meines Lebens. Ich habe es mir oft überlegt: wenn ich eines Tages zu alt bin oder gar krank, werde ich mich hinlegen unter ein weißes Tuch, mich bekränzen mit weißen Lilien, roten Rosen und blauen Disteln und werde mir einen japanischen Dolch ins Herz stoßen. So werde ich sterben, und man wird mich fotografieren, und dann wird mein Bild um die Welt gehen. So hätte mein Tod doch wenigstens einen Sinn gehabt – zu zeigen nämlich, daß selbst der Tod gestaltet werden und in höchstem Maße ästhetisch sein kann!«

»Und wann, bitte schön, sind Sie *zu* alt?« fuhr Steffen ihn ärgerlich an. »Wird das mit fünfzig, mit siebzig oder vielleicht erst mit hundert sein?«

»Nun, Monsieur, das wird sich zeigen müssen. Heute jedenfalls geht es noch!«

»Ach ja?« Steffens Backenmuskeln spielten, als wollte er Ludewik zwischen seinen Zähnen zermalmen. Die beiden starrten sich grimmig und schweigend an, bis Laura die Spannung nicht mehr aushielt und dazwischenging.

»Ich würde vorschlagen, da es zur Zeit ja keinen inszenierten Tod zu bewundern gibt, sehen wir uns jetzt Ihre Schrottplastiken an, auf die wir schon sehr neugierig sind.« Sie nickte Monsieur Ludewik zu, nahm dann Steffen bei der Hand und zog ihn hinter sich her in den Steinbruch.

»Aufgeblasener Knallaffe!« Steffen stolperte, hielt sich an Laura fest. »Wie kann einer nur so viel Dummheiten auf einmal erzählen! Den Tod inszenieren!« Steffen hob seine

Stimme an und brüllte so laut, daß Ludewik es hören mußte: »Der weiß doch gar nicht, wovon er überhaupt redet!«

»Das wiederum kannst du nicht beurteilen«, wandte Laura ein. »Vielleicht hatte er ja schon mal einen schweren Unfall oder einen Herzinfarkt wie du.«

»Bestimmt nicht. Das hätte ihm nämlich ganz sicher solche Flausen aus dem Kopf vertrieben. Der spinnt doch, dieser angebliche Künstler!«

»Och«, sagte Laura, blieb plötzlich stehen und deutete auf eine Skulptur, die wie eine Tänzerin in der vierten geöffneten Position vor ihnen stand und ihren Kopf nach links hinten neigte. »Ich finde, so übel ist das, was er macht, gar nicht. Aus ein paar alten Eisenbahnschienen, Kotflügeln, Gewinden und Maschinenteilen ein so anmutiges, elegantes Geschöpf schaffen, dazu gehört nun wirklich künstlerisches Gespür.«

»Dann schau mal dort rüber.« Er deutete auf ein seltsames, weibliches Wesen, das sich einen Haufen alten Schrott, der zu ihren vogelartigen Füßen lag, in eine übergroße Vulva zu schieben schien, als wollte sie es auf diesem Wege ›verschlingen‹. »Findest du *das da* etwa anmutig und elegant?«

»Nein, sicher nicht. Aber provokant. Und Provokation gehört schließlich auch zur Kunst.«

»So wie sein lächerlicher inszenierter Tod!« Steffen warf beide Arme hoch, ging weiter und sagte, während er einen Weg erklomm, der auf den Rand des Steinbruches hinaufführte: »Warum gibt er eigentlich nicht eine Annonce auf? Mit etwa folgendem Text: Wer will sich umbringen? Ich inszeniere seinen Tod auf künstlerische Art und schicke die Fotos dann als Neujahrsgrüße an die lieben Hinterbliebenen!«

»Schlage es ihm doch mal vor. Vielleicht kam er ja nur noch nicht auf diese Idee? Und dann lädst du ihn in dein Programm ein. Das fördert deine Bekanntheit im gleichen Maße wie seine.« Laura blieb stehen und grinste Steffen breit an. Aber er fand das gar nicht lustig.

»Ich gehöre nicht zu den Menschen, die es nötig haben,

sich mit solch einer Geschmacklosigkeit Popularität zu verschaffen!« fuhr er sie an, wandte sich ab und ging schnellen Schrittes davon.

Laura folgte ihm langsam, blieb ab und zu stehen, sah hinunter in den Steinbruch. Von hier oben aus war zu erkennen, daß die Anordnung der Plastiken einen Sinn hatte oder anders gesagt: sie erzählten eine Geschichte. Die Geschichte von Geburt, Leben, Tod und Wiederauferstehung. Dieser Ludewik mochte etwas abgehoben und spleenig sein, aber er war bestimmt kein Dilettant, und er verstand etwas von seiner Arbeit.

Steffen hatte sich etwas weiter vorne auf einen Stein gesetzt und sah jetzt ebenfalls hinunter. Den Zusammenhang zwischen den Figuren erkannte er nicht, dafür aber zwei Leute, die etwa fünfzehn Meter unter ihnen zwischen den Schrottplastiken und Steinbrocken herumkletterten. Es waren Rieke und Charly.

Als Laura zu ihm trat, deutete er hinunter. »Schau, deine Freunde sind auch hier.«

Laura beobachtete die beiden eine Weile. Charly ging wie immer voraus, Rieke kletterte hinter ihm her wie ein braves Hündchen. Er war so schnell, daß sie ihm in ihren dünnen Schuhen kaum folgen konnte, aber sie beschwerte sich nicht, sondern strampelte sich ab, um mitzukommen. Es war immer dasselbe: Wenn Charly in ihrer Nähe war, dann hatte sie fortwährend Streß, ihn bei guter Laune zu halten. Und war er weg, dann fing sie an zu jammern, statt froh zu sein, daß sie sich endlich mal frei bewegen konnte und keine Rücksicht auf ihn zu nehmen brauchte.

Laura trat einen Schritt weiter vor an den Rand, weil die beiden jetzt ziemlich genau unter ihr waren und sie sie darum aus dem Blickfeld verloren hatte. Und da hatte sie plötzlich diese Idee. Ein kleiner Schubs gegen einen Stein würde genügen, und dann... der Stein fällt, poltert hinunter, an Rieke und Charly vorbei. Nichts würde passieren, aber der Schreck würde ihnen in alle Glieder fahren! Vielleicht würde der große Held Charly sogar schreien? Nur einmal einen Angstschrei von ihm hören, so wie sie damals in seinem Käfer geschrien hatte vor Angst, das würde ihr wirklich eine Genugtuung sein.

Laura trat vor, trat dabei wie versehentlich gegen einen faustgroßen Stein, und er polterte hinunter. Einen Moment hörte man nichts anderes als das Klick-Klack des aufschlagenden Steins, dann ein lauter Fluch: »Verdammt, welcher Idiot hat denn...«

Laura sprang schnell zurück, als Charly nach oben sah. Sie atmete tief durch, drückte ihre Handtasche gegen die Brust und sah dabei mit seltsam gläsernem Blick und geröteten Wangen auf das Bergpanorama am Horizont. So etwas hatte sie in ihrem ganzen Leben noch nie getan. Aggressionen ausleben, sich rächen. Rache ist billig, hatte ihre Mutter immer gesagt. Aber das fand sie, jetzt, wo sie es einmal ausprobiert hatte, gar nicht. Ihr tat es im Gegenteil sehr gut. Irgendwie war ihr auf einmal freier, der Druck auf ihrer Brust war weg. Charly hatte vor vielen Jahren ihre Seele verletzt. Jetzt hatte sie es ihm wenigstens mit einem kleinen Schreck heimzahlen können. Auge um Auge, Zahn um Zahn, das gefiel ihr besser, als auch noch die andere Wange hinzuhalten!

Steffen war aufgesprungen und starrte Laura mit offenem Mund kopfschüttelnd an. »Das hast du absichtlich getan!« sagte er.

Sie antwortete nicht.

»Du mußt wahnsinnig sein, dabei hätte wirklich etwas passieren können!«

»Ich wollte sie nur erschrecken. Ich habe den Stein nach links geschoben, und sie waren rechts von uns.«

»Du kannst nie wissen, ob der Stein durch einen Aufschlag in eine andere Richtung driftet. Du hättest einen von beiden umbringen können!«

Laura zuckte mit den Schultern, warf den Kopf in den Nakken und ging in Richtung eines kleinen Wäldchens davon.

Derweilen setzte sich Rieke auf den Fuß einer der Skulpturen und betrachtete ihre Hand. Sie war ausgerutscht, als der Stein nach unten kam, hatte sich festhalten wollen und sich dabei den Handballen wundgeschürft. Auch ihr Knie war aufgeschlagen. Sie tupfte die Wunde mit einem Taschentuch sauber, sagte dabei zu Charly:

»Ich glaube, ich habe Laura und Steffen dort oben gesehen. Dieses verdammte Biest hat den Stein bestimmt extra losgetreten!«

»Na ja, du bist ja auch nicht gerade nett zu ihr.«

Rieke sah auf und ihn an. »Immer mußt du sie verteidigen!«

»Und du bist krankhaft eifersüchtig. Wenn es nach dir ginge, dürfte ich nach anderen Frauen nicht einmal schauen. Aber ich hab' nun mal keine Lust, blind durchs Leben zu gehen. Und abgesehen davon ist mir deine Freundin Laura ziemlich egal.«

»So, ist sie dir? Und weshalb spielst du dann in ihrer Nähe ständig den Gockel?«

»Tu' ich das?«

»Ja, das tust du!« schrie Rieke ihn an. »Und ich finde dich manchmal richtig zum Kotzen!«

»Deshalb geh' ich dir ja auch aus dem Weg, wo ich kann. Keine Angst, mein Schatz, ich werde dir deinen heißersehnten Urlaub schon nicht verderben.«

»Aber du tust es ja bereits!« Rieke hatte plötzlich Tränen in den Augen. »Abend für Abend verschwindest du, fährst angeblich nach Apt oder Bonnieux in eine Kneipe, und ich sitze allein in der Pension herum! Und tagsüber, da läßt du deine schlechte Laune an mir aus, rennst in solch einem Affentempo durch die Gegend, daß ich dir kaum nachkomme oder motzt über das Essen, die Leute und die Gegend! Glaubst du, so macht mir diese Reise Spaß?«

»Ich habe dir gleich gesagt, daß ich keine Lust auf Südfrankreich und diese Südländer habe, die glauben, nur sie wären die wahren Lebenskünstler und hätten das A und O der Lebensweisheiten gepachtet! Ich kann das nicht ausstehen, dieses alberne Getue!«

»Aber *ich* wollte eben hierher! Ich habe mir das gewünscht, seit ich ein junges Mädchen war! Einmal, nur ein einziges Mal, könntest du doch mir zuliebe etwas tun, was dir nicht ganz so gut in den Kram paßt!«

»Aber das tu' ich doch. Immerhin sind wir hier, und wir bezahlen nicht wenig Geld für deinen Spaß! Also, was zum Teufel willst du bloß immer von mir?«

»Daß du es gerne tust, weil du es für mich tust, und weil ich deine Frau bin, die du liebst! Und daß du vor allem nicht ständig vor mir und vor uns beiden davonläufst! Ich habe gedacht, daß wir uns in diesem Urlaub vielleicht wieder ein bißchen näherkommen könnten, weil wir hier Zeit füreinander haben, und weil... ach, was soll's!« Rieke brach ab. Dieser Blick, mit dem er sie ansah, als ob sie eine arme Irre wäre! Er wollte es nicht verstehen, also war jedes weitere Wort sinnlos. Sie stand auf, schob das Taschentuch in die Tasche und ging wortlos in Richtung Auto davon.

Laura hatte Steffen in der Pension abgesetzt und war nach Apt weitergefahren, denn sie wollte einiges einkaufen. Eine Kleinigkeit für ihre Praxishelferinnen und für Rita, ihre Haushälterin. Außerdem Nagellack, denn sie hatten ihren vergessen, einige Ansichtskarten und eventuell einen Bildband über den Lubéron. Sie hatte die Erfahrung gemacht, daß die Fotografen der Umgebung die besten Standplätze für die verschiedenen Motive kannten und darum auch die schönsten Fotos machten. Außerdem brauchte Steffen ein Kopfschmerzmittel, und das traf sich gut, denn Laura hatte Lust auf einen Flirt mit Dr. Lenoit.

Sie parkte ihren Wagen direkt von seiner Praxis, drückte kurz auf die Hupe und stieg aus. Noch während sie die Tür abschloß, ging das Fenster auf, und Pascal Lenoit beugte sich heraus.

»Das nenne ich Schicksal!« sagte er und lachte. »Ich habe eben an Sie gedacht, habe überlegt, wie ich es anstellen könnte, Sie wiederzusehen, und da stehen Sie ganz plötzlich vor meinem Fenster, wie ein Engel, der vom Himmel gefallen ist.«

»Na ja, ein Engel bin ich nun nicht gerade und auch nicht vom Himmel gefallen, sondern ganz einfach mit dem Auto gekommen. Und der Grund meines Kommens ist noch banaler: mein Mann benötigt ein Schmerzmittel gegen seine Migräne.«

»Ihr Mann fängt an, mir sympathisch zu werden!«

Pascal Lenoit schloß das Fenster und erschien kurz darauf in der Tür. »Übrigens haben auch Sie Glück, mich hier anzutreffen, denn eigentlich ist heute mein freier Nachmittag. Ich bin nur hier, weil ich einen Notfall hatte, eine kleine Operation. Meine Freundin Martine, ein reizendes Geschöpf übrigens, hatte sich einen Glassplitter in den Fuß getreten.«

»Ach...« sagte Laura und folgte ihm ins Behandlungszimmer. »Ist diese Martine, wie soll ich sagen, eine verbindliche Freundin?«

»Ja, sehr verbindlich. In etwa fünfzehn Jahren will sie mich heiraten. Dann ist sie zwanzig, und das scheint ihr das passende Alter zu sein.« Er schmunzelte. »Ich muß sagen, das freut mich sehr.«

»Was freut Sie sehr?«

»Nun, daß ich so etwas wie Eifersucht in Ihren Augen entdecken konnte, als ich Ihnen von meiner kleinen Freundin erzählte.« Er griff in seinen Medikamentenschrank, zog eine blauweiße Packung heraus und reichte sie Laura. »Da sind zwanzig Tabletten drin. Davon nimmt Ihr Mann am besten dreimal täglich zwei Stück. Er wird ein wenig müde von den Tabletten werden, aber das ist normal. Und wenn Sie ihm abends drei statt zwei geben, schläft er bestimmt so fest, daß er es nicht einmal merken würde, wenn ein Elefant durchs Zimmer spazierte!« Er sah sie an, als hätte er ein ganz besonderes, um nicht zu sagen unanständiges Interesse an Steffens gutem Schlaf.

Laura schob die Tabletten in ihre Handtasche. »Was schulde ich Ihnen dafür?«

»Einen Stadtbummel. Ich zeige Ihnen Apt und lade Sie auf einen Drink ein, dann sind wir quitt.«

Sie lächelte. »Gut«, sagte sie, »zeigen Sie mir Apt.«

Pascal Lenoit führte sie durch ein paar enge Gäßchen in Richtung Zentrum. Dabei legte er eine Hand auf ihren Rükken, eine Geste, die den Anschein hatte, zufällig und ganz unverbindlich zu sein, und doch brannte die Hand heiß auf Lauras Haut. Es war wunderbar, dieses Gefühl, und sie kam sich endlich nicht mehr wie hundert, sondern mindestens achtzig Jahre jünger vor. Vielleicht hatte Martine ja sogar recht – zwanzig war kein schlechtes Alter, um ›Hochzeit‹ zu machen!

»Wußten Sie, daß man Apt die Welthauptstadt der kandierten Früchte nennt?« fragte Pascal und ließ seine Hand etwas tiefer rutschen, um zu erkunden, ob Laura einen BH trug. Sie spürte förmlich, wie er registrierte, daß er unter dem Stoff ihrer rostfarbenen Seidenbluse nichts anderes als Haut fühlte, bevor er seine Hand bis auf den Bund ihres Rockes weitergleiten ließ. Jetzt lag sein Arm um ihre Taille, wo er einen so verwegenen Hüftschwung verursachte, wie Laura ihn sich selbst niemals zugetraut hätte. Sie kam sich vor wie eine Achterbahn, und ihr Herz klopfte dabei so laut, daß sie Angst hatte, Pascal könnte es hören.

Weil sie befürchten mußte, ihr könnte vor Erregung schwindelig werden, und dann müßte sie am Ende noch vor aller Leute Augen in seine Arme sinken, blieb sie vor einem der Geschäfte stehen, in denen es kandierte Früchte zu kaufen gab.

Pascal zog prompt seine Hand zurück. »Möchten Sie welche probieren?« fragte er.

»Nein, das nicht. Aber ich brauche Geschenke für meine Mitarbeiterinnen.«

Laura betrat den Laden, Pascal folgte ihr, und während sie sich umsah, mal hier und mal da eine Packung aus den Regalen zog, um sie genauer zu betrachten, flirtete er fast schamlos mit der Alten, die hinter der Verkaufstheke stand. Sie war mindestens fünfundsiebzig Jahre alt, und wenn sie lachte, sah man, daß sie nur noch drei Zähne oben und zwei unten hatte. Aber unter Pascals Blicken wurde sie wie durch Zauber wieder zu der charmanten Schönheit, die sie vor einem halben Jahrhundert ganz sicher einmal gewesen war.

Laura beobachtete die beiden aus den Augenwinkeln und schüttelte lächelnd den Kopf, als sie sah, daß Madame tatsächlich errötete, als Pascal ihr ein etwas gewagtes Kompliment machte. Dieser Mann war ein Magier, und sie hatte verdammt viel Lust, es Madame nachzutun und sich von ihm in den siebenten Himmel zaubern zu lassen!

»Kommen Sie zurecht, Madame?« rief die Alte herüber, als sie bemerkte, daß Laura sich nicht zwischen kandierten Kirschen und kandierten Aprikosen entscheiden konnte. Sie griff in das Regal hinter sich, nahm eine lachsfarbene Bonbonniere, die mit einer aufwendigen Schleife verziert war, und kam damit um die Verkaufstheke auf Laura zu.

»Sehen Sie, hier ist eine Packung, in der Sie beides haben – Kirschen und Aprikosen. Und hübsch anzusehen ist sie außerdem!«

»Da bin ich ganz Ihrer Meinung, Madame Pernes«, sagte Pascal und sah Laura dabei sehr, sehr tief in die Augen. »Schon alleine, weil sie so hübsch ist, würde ich sie nehmen!«

Madame Pernes lachte und drehte sich zu ihm um. »Wie Sie das sagen, könnte man meinen, Sie sprechen gar nicht von der Bonbonniere, sondern von Madame?« Madame Pernes sah Laura an. »Wissen Sie, er ist nämlich ein ausgemachter Herzensbrecher! Und ich weiß, wovon ich rede, denn ich kenne ihn, seit er zwölf Jahre alt ist. Da hat er zum ersten Mal bei mir eine Bonbonniere für ein hübsches Mädchen gekauft. Und seitdem waren es nicht gerade wenige! Monsieur Pascal zählt zu meinen besten Kunden!«

»Madame übertreibt«, sagte Pascal. »Zwei, höchstens drei Bonbonnieren pro Jahr, und die sind entweder für Martine oder für Madame Constant.«

Laura lachte. »Ja, ja, ich weiß, und Sie sind ein wahrer Engel!« Er zuckte mit den Schultern, lächelte unschuldig; Laura wandte sich wieder Madame Pernes zu. »Bitte packen Sie mir fünf davon ein... oder warten Sie, ich nehme sechs!«

Madame Pernes schob alles in eine große Papiertüte, reichte sie Pascal, nahm von Laura das Geld entgegen und brachte die beiden zur Tür. »Vielen Dank, Madame, und ich wünsche Ihnen noch einen wunderschönen Tag. Und Sie, Monsieur Pascal, sollten Ihrer Verwandtschaft mit einem gewissen Marquis nicht allzuviel Ehre machen!« Sie kicherte, dann verschwand sie wieder in ihrem Laden.

»Was meint sie damit – Ihre Verwandtschaft mit einem gewissen Marquis?« fragte Laura erstaunt.

»Sie spricht von einem meiner Ahnen.«

»Ein richtiger Marquis?«

Pascal nickte. »Marquis de Sade, jener allseits bekannte Schriftsteller, der sich mit Haut und Herz der pornographischen Literatur verschrieben hatte und auch auf dem politischen Sektor ein Provokateur war. Er wohnte hier ganz in der Nähe, in Lacoste nämlich, wo er vor etwa hundertsechzig Jahren ein hübsches junges Mädchen namens Elena geschwängert hat. Sie bekam einen Sohn, dem sie den Namen Donatien gab, und dieser Donatien war der Urgroßvater meiner Großmutter.«

»Ach...« Laura nickte mehrmals und sah ihn dann bedeutsam an. »Jetzt ist mir so einiges klar! Dann liegt Ihnen das also schon im Blut...«

»Was liegt mir im Blut?«

»Na, wie Sie uns alle gegeneinander ausspielen! Sie sind mit Martine verlobt, flirten trotzdem hemmungslos mit Madame Pernes und das alles, nachdem Sie mich zu einem Stadtbummel verpflichteten und davon abhielten, zu meinem Mann zurückzukehren, um ihm seine dringend benötigten Tabletten zu bringen!«

»Sie sind ja wirklich eifersüchtig!«

»Mehr noch, ich werde zur Furie, wenn mir heute noch mal ein weibliches Wesen den Rang bei Ihnen abläuft!«

Sie hätte das besser nicht gesagt, denn jetzt kam er wieder näher, drückte sich an sie, legte seinen Arm um ihre Schultern und kringelte eine Locke ihres Haares um seinen Zeigefinger. Die Berührung traf sie wie ein Stromstoß, und sie mußte sich langsam ernsthaft überlegen, ob sie es riskieren konnte, weiterhin in seiner Nähe zu bleiben. Denn so, wie sich die Sache zwischen ihnen anließ, ging das bestimmt bald weit über den versprochenen Drink hinaus.

»Worüber denkst du nach?« unterbrach er ihr Schweigen.

»Ob ich genug kandierte Früchte gekauft habe«, schwindelte sie.

»Darf ich dich noch etwas fragen?«

»Aber bitte.«

»Was machst du beruflich – ich meine, bei sechs Mitarbeiterinnen!«

»Nur vier. Die fünfte Bonbonniere ist für meine Haushälterin, und die sechste für Rieke Leyendecker. Du hast sie bei Madame Constant kennengelernt.«

»Also gut, ich berichtige: Wozu brauchst du vier Mitarbeiterinnen?«

»Ich bin Zahnärztin. Sie helfen mir dabei, die Löcher, die ich in Zähne gebohrt habe, wieder zu füllen, Kiefer zu röntgen, Zähne zu extrahieren und meine Abrechnungen zu erledigen.«

»Du bist Zahnärztin? Eine Art Kollegin also!«

Laura mußte an das Gespräch der beiden alten Männer in Pascals Wartezimmer denken und lachte. »Mit *les couilles*«, sagte sie, »habe ich allerdings nur selten und dann auch nur ganz privat zu tun.«

»Nur selten? Das finde ich aber schade. Was hältst du davon, wenn wir das ändern?«

»Aber Monsieur, ich bitte Sie! Sie sind schließlich verlobt, und ich bin verheiratet!«

»Ich habe befürchtet, daß du mich daran erinnern würdest«, sagte er, seufzte und deutete auf ein Café, vor dem ein paar Tische und Stühle standen. »Bei François kann man ein fantastisches *aioli-monstre* bekommen, und dazu hat er einen herrlichen jungen *Côte-du-Lubéron* als Rosé. Hast du Lust auf ein Glas?«

Ja, Laura hatte Lust, und wie sie Lust hatte – aber bestimmt nicht nur auf *aioli-monstre* und ein Glas Wein.

5. Kapitel

Rieke stand am geöffneten Fenster und sah hinaus. Die Nacht war so still, daß man hätte glauben können, die Welt sei stehengeblieben. Nur der Wind, der sich in den drei Krüppeleichen vor dem Haus verfing und sanft ihre Blätter rauschen ließ, war zu hören, und ab und zu ein leises Plätschern im Swimmingpool.

Sie beugte sich etwas weiter aus dem Fenster, um zu sehen, wer da so spät noch badete. Es waren die beiden Frischvermählten. Weil es schon nach ein Uhr war und um diese Zeit außer Theo und Karen für gewöhnlich alle schliefen, glaubten sie sich wohl unbeobachtet, küßten und neckten sich und wisperten sich gegenseitig Zärtlichkeiten ins Ohr.

Rieke beneidete die junge Frau. Wie gerne wäre auch sie wieder mal albern oder würde mit Charly schmusen wollen. Aber zwischen ihnen lief ja schon seit fast zwei Jahren nichts mehr. Damals hatte sie ihn, als er morgens um vier Uhr nach Hause kam, angebrüllt, hatte ihm klargemacht, daß sie keine Lust auf Geschlechtskrankheiten oder sogar AIDS hatte, und daß er sie deshalb in Zukunft gefälligst in Ruhe lassen solle. Und das hatte er dann auch getan. Konsequent. Nicht mal mehr einen Kuß, ein Streicheln gab es zwischen ihnen. Charly war unversöhnlich.

Rieke wandte den Blick und sah hinüber zu den Hügeln, über denen gerade der Mond aufging. Nur noch ein paar Tage, dann würde Vollmond sein. Früher, als sie und Laura noch Freundinnen waren und Laura sich für ihre Geschichtsarbeit mit den alten Mythen der Kelten, Römer und Nordvölker beschäftigte, da waren sie manchmal bei Vollmond in den Wald oder an eines der Maare gegangen, hatten ein Lagerfeuer gemacht und getanzt und gesungen. Vollmond feiern, hatten sie das genannt, und sich schon morgens in der Schule mit *Happy Vollmond, Schwester* begrüßt. Die anderen hatten sie dann angesehen, als ob sie irre wären, und eines Tages wurde sogar gemunkelt, sie gehörten zu irgendeiner undurchsichtigen Sekte. Einmal mußten sie deshalb zum Direktor der Schule, wurden ausgefragt und am Schluß ermahnt, sie müßten die Schule verlassen, falls sich herausstellen sollte, daß es da doch Verbindungen zu Sekten gäbe. Worauf Laura sehr von oben herab gesagt hatte:

»Ich glaube kaum, daß Sie so ohne weiteres das Recht haben, uns von der Schule zu verweisen, denn erstens gibt es in diesem Lande ja wohl so etwas wie Religionsfreiheit, und zweitens ist doch die Kirche im Grunde auch nichts anderes als eine Sekte. Eine staatlich geförderte zwar, aber immerhin.«

Wäre Laura nicht Tochter eines Zahnarztehepaares gewesen, das zu Jubiläumsfeiern oder anderen offiziellen Anlässen schon des öfteren eine großzügige Spende auf das Konto der Schule überwiesen hatte, wäre sie für so eine rotzfreche Antwort bestimmt von der Schule gefeuert worden. Rieke, die ihre Schulbücher vom Staat bezahlt bekam und bei Klassenfahrten auf eine Unterstützung aus der Kasse des Elternbeirates angewiesen war, hätte sich das jedenfalls nicht erlauben dürfen!

Von da an wurden sie von einigen Klassenkameradinnen gemieden. Aber das war ihnen egal, im Gegenteil, sie fanden es sogar aufregend, so geheimnisumwoben zu sein, und hatten sich dabei mächtig wichtig genommen. Unangenehm wurde die Sache erst, als eines Tages auf der Wand des Schulhauses mit lila Farbe gesprüht war:

Brave Mädchen kommen in den Himmel – böse kommen überall hin!

Da hieß es dann, sie beide hätten das getan, und es gab ein neuerliches Verhör. Aber sie hatten ein Alibi gehabt, waren übers Wochenende mit dem Rad unterwegs gewesen, und schließlich fand man sogar die wahre Täterin, weil die so blöde gewesen war, die Sprühdosen am Ort im Laden vom

Malermeister Hunshaus zu kaufen, statt in irgendeinem anonymen Kaufhaus in der Stadt.

Wenn Rieke über ihr Leben nachdachte, dann war die Zeit mit Laura ihre schönste gewesen. Zusammen zu den Pferden gehen, reiten, Radtouren unternehmen, und später dann Mondfeiern veranstalten oder Männer erobern... frei sein, lachen, singen, tanzen und vor allem träumen. Vom ganz großen Glück träumen, vom Märchenprinzen, der eines Tages kommen würde, um sie aus den Klauen des bösen Vaters zu befreien, träumen von einer Zukunft voller roter Rosen.

Rieke setzte sich aufs Fenster und sah wieder zum Swimmingpool. Die beiden jungen Leute standen jetzt am Rand des Pools und trockneten sich gegenseitig ab. Dabei küßte er sie von den Ohren bis zu den Brustspitzen, und Rieke wünschte ihr ehrlich, daß sie für ihn möglichst lange so begehrenswert und schön bleiben sollte, wie sie es momentan zu sein schien.

Die Standuhr, die drunten im Kaminzimmer stand, schlug halb zwei und riß Rieke aus den Gedanken. Man konnte ihr dumpfes Dröhnen durchs ganze Haus hören. Es war ein angenehmer Klang, tief und satt. Ein paar Minuten später kamen dann Schritte die Treppe herauf, und Rieke lauschte. War das endlich Charly? Aber nein, sie hätte es bestimmt gehört, wenn ein Auto die Auffahrt heraufgefahren wäre. Es mußten Theo und Karen sein, die vom Kartenspielen genug hatten und jetzt den letzten Drink auf ihrem Zimmer nahmen.

Als sich die Schritte entfernt hatten – das Zimmer der de Burgers lag droben im zweiten Stock neben dem von Laura und Steffen –, ging Rieke hinunter, nahm sich aus der Hausbar einen Pikkolo und trug es in Madame Constants Rechnungsbuch ein.

Gerade, als sie den Stift weglegte und aufsah, kam Laura zur Tür herein. Rieke sah sie erstaunt an. »So spät noch unterwegs?« sagte sie. »Und dann auch noch ohne deinen Mann?«

»Soll das eine Rüge sein?«

»Quatsch. Ich wundere mich nur.«

»So verwunderlich ist das gar nicht. Dein Herr Gatte ist ja auch noch alleine unterwegs.«

»Wieso, woher weißt du das?«

»Himmel, nun sei doch nicht gleich wieder eifersüchtig!« Laura warf ihre Tasche auf die Bar, nahm sich ebenfalls einen Drink und sagte: »Ich habe sein Auto gesehen. Es stand in Apt vor einer Bar, und ich glaube, daß Charly auf dem Fahrersitz saß, den Kopf auf dem Lenkrad hatte und schlief.«

»Was heißt, du glaubst. Hast du ihn nun gesehen oder nicht?«

»Ich habe euer Auto gesehen und einen Mann auf dem Fahrersitz. Sein Gesicht konnte ich im Vorbeifahren nicht erkennen, aber ich nahm an, es sei Charly. Und du kannst dir mir gegenüber ruhig einen etwas freundlicheren Ton angewöhnen!«

Rieke sah Laura an, schüttelte dann verzweifelt den Kopf. »Aber wenn er das wirklich war, dann ist da doch etwas nicht in Ordnung! Sonst würde er doch hierherfahren, statt so unbequem im Auto zu liegen.«

Laura seufzte. »O. K. Wenn du willst, fahre ich dich nach Apt.« Sie nahm ihre Tasche, kramte nach dem Autoschlüssel und sah Rieke an. »Also, was ist?«

Rieke nickte. »Gut. Ich hole mir nur schnell eine Jacke.«

Laura wartete im Auto. »Wo warst du denn bis jetzt noch?« fragte Rieke, als sie einstieg und sich anschnallte, während Laura losfuhr.

»Du bist ganz schön indiskret.«

»Aha ... «, machte da Rieke. »Langsam geht mir ein ganzer Kronleuchter auf. Der gutaussehende Doktor ... wie hieß er doch noch?«

»Pascal Lenoit.«

»Richtig! Gutaussehende Männer machen dich also immer noch schwach?« fragte Rieke mit provokanter Stimme.

Laura sah sie an. Einen Moment hatte sie Lust, ihr eine patzige Antwort zu geben, daß sie dann ja wenigstens keine Angst mehr um ihren Charly zu haben bräuchte, denn sein Bauchansatz und die Geheimratsecken, die sich langsam zu einer Stirnglatze ausweiteten, standen ihm nicht gerade gut. Aber dann ließ sie es bleiben. Heute morgen, nach der Sache im Steinbruch, hatte sie sich vorgenommen, das ewige Geplänkel endgültig beizulegen, sich nicht mehr provozieren zu lassen. Denn schließlich waren seit der Sache mit Charly nicht nur sechzehn Jahre vergangen, sondern sie beide waren auch sechzehn Jahre älter geworden, und da sollte es doch möglich sein, sich zu versöhnen.

»Hast du deinen Charly jemals betrogen?« fragte Laura plötzlich.

Rieke warf den Kopf herum. »Nein, natürlich nicht!«

»Wieso *natürlich*? Findest du es etwa *natürlich*, daß Charly dich ständig betrügt, du ihm aber trotzdem brav die Treue hältst?«

»Na prima, da hast du ja mal wieder ganz elegant die Kurve gekriegt. Ich frage dich etwas, du antwortest mit einer Gegenfrage und drehst den Spieß einfach um. Damit bist du aus dem Schneider und hast wieder mal mir den schwarzen Peter zugeschoben.«

»Warum nur fühlst du dich ständig von mir angegriffen? Ich habe nicht vorgehabt, dir irgendeinen schwarzen Peter zuzuschieben. Im Gegenteil, ich wollte dir gerade etwas von mir erzählen. Ich habe meinen Mann nämlich auch noch nie betrogen. Noch nicht einmal heute, obwohl ich zugeben muß, daß es mir heute ganz besonders schwerfiel, so vernünftig und standhaft zu sein. In mir kocht und brodelt es, aber mein lieber Mann hält den Deckel drauf. So geht das bei uns nun schon seit Jahren. Und ganz besonders schlimm ist es, seit er seinen Herzinfarkt hatte. Ich bin krank, jammert er, ich muß auf meine Gesundheit achtgeben, ich darf dies und kann jenes nicht. Wenn du wüßtest, wie mich das nervt! Es ist eine wunderbare Ausrede für alles, was man nicht tun will, und es ist vor allem eine wunderbare Ausrede, wenn einer zu feige ist, sich am Leben zu beteiligen. Wirklich, dieser Herzinfarkt hat all seine Probleme mit einem Schlag bestens gelöst!«

»Willst du damit sagen, daß er in seinem tiefsten Inneren so etwas wie einen Herzinfarkt herbeigesehnt hat, um sich unauffällig raushalten zu können?«

»Bravo, du hast es verstanden.« Laura nickte. »Ich selbst habe allerdings sehr viel länger gebraucht, um dahinterzukommen. Steffen ist im Grunde seines Herzens ein ganz großer Feigling. Er hat es vor sich selbst und den anderen nur niemals zugegeben. Dadurch stand er sein Leben lang unter Druck. Er hat immer einen gespielt, der er gar nicht war, und um den Schein zu wahren, mußte er fortwährend seine eigenen Grenzen überschreiten, mußte mutiger und stärker sein, als er es tatsächlich war. So ein Lügengebäude aufrechtzuerhalten, bringt natürlich eine ganze Menge Streß mit sich, und Streß fördert wiederum Herzinfarkt. Steffen hat sich in die Krankheit geflüchtet und auf diesem Weg all seine Probleme gelöst.«

»Wenn ich dich so reden höre, dann habe ich aber eher das Gefühl, daß er bald Probleme bekommen wird. Nämlich mit dir.« Rieke lachte und sah Laura an, und Laura lachte zurück. Plötzlich waren sie so vertraut wie früher. Ein Blick, ein Lachen genügte, um die Gedanken der anderen zu verstehen.

»Jedenfalls war ich heute nahe dran zu vergessen, daß ich verheiratet bin. Und darüber bin ich sehr erschrocken. Nicht aus moralischen Gründen, sondern weil ich mich kenne und weiß, daß das der Anfang vom Ende ist. Ich kämpfe wie eine Löwin um meine Jungen, aber im selben Moment, wo ich begreife, daß es sinnlos ist weiterzukämpfen, gebe ich sofort auf.«

Sie waren nicht mehr weit von Apt entfernt und passierten gerade eine Haltebucht, an der Laura heute nachmittag eine Weile gestanden hatte, um die herrliche Aussicht auf das langgestreckte Massiv des Lubéron-Gebirges zu genießen, das sich wie eine Barriere zwischen Apt und der Ebene vor

Marseille erstreckte. Dann, ein paar hundert Meter weiter, kamen sie durch ein Tal, in dem Apfelbäume, Birnen-, Pfirsich-, Aprikosen- und Kirschbäume wuchsen. Jetzt, in der Dunkelheit, ahnte man von all der Pracht nichts, tauchte nur ab und zu ein Baum im Kegel der Scheinwerfer auf und flog an ihnen vorbei, aber bei Licht besehen hatte Laura gedacht, daß es wunderbar sein müßte, das Blühen und Grünen dieses Tales im Frühling zu erleben.

Als sie die ersten Häuser erreichten, war es längst nach zwei Uhr. Kaum noch ein Fenster war erleuchtet, die kleine Stadt schlief dem neuen Tag entgegen. Rieke starrte angespannt hinaus. Sie hatte Angst. Angst davor, Charly könnte etwas Schlimmes passiert sein. Wieso lag er über das Lenkrad gebeugt in seinem Auto? Hatte man ihn überfallen, oder hatte er eine Schlägerei gehabt und war verletzt? Oder war er bloß so sehr betrunken, daß er nicht mehr fahren konnte?

Da tauchte endlich der Rover im Licht des Scheinwerfers auf und Laura stoppte. Sie stellte den Wagen ab, sah Rieke an. »Komm... oder willst du, daß ich zuerst einmal alleine nachsehe?«

»Nein, ich schaffe das schon.«

Sie stieg aus, ging auf das Auto zu. Laura folgte ihr. Hinter einem der Scheibenwischer an der Windschutzscheibe steckte ein Zettel. Rieke zog ihn hervor und sah ins Auto. Charly war zur Seite gerutscht und lag nun quer über den beiden Vordersitzen. Der linke Arm verdeckte sein Gesicht, die Beine waren halb angezogen, der Schaltknüppel mußte ihm schmerzhaft in den Rücken drücken. Ob er überhaupt noch lebte, war durch die Scheibe nicht zu erkennen.

Plötzlich riß Rieke in panischer Angst die Tür auf, rief seinen Namen und rüttelte ihn an den Schultern, und da fuhr er so unvermittelt in die Höhe, daß sie vor Schreck einen Schrei ausstieß.

»Gib mir den Schlüssel!« lallte er, und als Rieke nicht reagierte, fluchte er: »Verdammt noch mal, den Schlüssel her, ich muß nach Hause!«

Laura und Rieke sahen sich an. »Der Zettel«, sagte Laura, »vielleicht eine Nachricht.«

Rieke gab ihn ihr, und Laura las und übersetzte: »Den Autoschlüssel können Sie in der Polizeikommandantur abholen, sobald Sie wieder nüchtern sind. Ramon Gordot, Wirt vom *La Loube*.«

Charly hatte sich aufgesetzt und lag nun wieder über dem Lenkrad. »Scheiß Pastis, Teufelszeug!« schimpfte er, und Rieke starrte ihn voller Abscheu an. Jetzt, da sie keine Angst mehr um sein Leben zu haben brauchte, wünschte sie ihm die Pest an den Hals.

»Hätte er sich nur zu Tode gesoffen, dann hätte ich endlich meine Ruhe!« Sie packte ihn am Arm und versuchte, ihn aus dem Auto zu zerren, aber er war viel zu schwer. »Mensch, verdammt, so hilf mir doch endlich!« brüllte sie Laura an, aber als Laura dann neben sie trat, um anzufassen, ließ Rieke Charly plötzlich los, lehnte sich vornüber aufs Auto, verbarg ihren Kopf zwischen den Armen und weinte.

Laura legte ihr tröstend eine Hand auf den Rücken. »Warum schickst du ihn nicht einfach zum Teufel, wenn du so unglücklich mit ihm bist?« fragte sie.

»Weil ich ihn trotzdem liebe!« Sie schluchzte. »Oder vielleicht auch nur die Erinnerung daran, wie er einmal war. Ein ganzer Kerl, der wußte, was er wollte, und wie er es erreichen konnte. Dazu gutaussehend, spontan, und irgendwie hat er immer etwas Positives ausgestrahlt. Das hat mir gefallen, und es hat mir Mut gemacht! Aber jetzt... sieh ihn dir nur an, ein halbes Wrack schon, das sich Stück für Stück selbst zerstört!«

»Er war nie einer, der wußte, was er wollte, und er hat auf mich schon früher eher einen destruktiven als einen positiven Eindruck gemacht. Du hast ihn nur nicht so sehen wollen. Und als du dann deinen Irrtum erkannt hast und einsehen mußtest, daß du ihn nicht verändern kannst, hast du es ihm übel genommen, daß er nicht so war, wie du ihn haben wolltest. Und nun sag mir bitte, wie soll eine Ehe unter diesen Umständen funktionieren?«

»Ach, du immer mit deinen Psychoweisheiten! Du hast deinen Karren doch selbst in den Dreck gefahren!«

»Ich sage ja auch nicht, daß ich es besser kann als du. Ich wollte dir nur helfen, den Tatsachen ins Gesicht zu schauen. Charly weiß, daß er dir nichts mehr vormachen kann, und deshalb braucht er all die anderen Frauen. Sie sollen ihm dabei helfen, sich ein Idealbild von sich vorzugaukeln, das er niemals erreichen kann, worunter er vermutlich sehr leidet. Und auf die Idee, daß er anders auch liebenswert sein könnte, kommt er gar nicht. Ich glaube, Charly ist sehr einsam, und am einsamsten ist er zu zweit mit dir. Weil du ihn irgendwie immer wieder daran erinnerst, wie sehr er seiner Meinung nach versagt hat.« Laura seufzte. »Himmel, jetzt stehen wir nachts um drei mitten auf der Hauptstraße von Apt und psychologisieren herum, statt endlich dieses besoffene Mannsbild ins Auto zu packen und zu sehen, daß wir alle in unser Bett kommen!«

Sie packten Charly unter den Armen und redeten auf ihn ein, sich zu bewegen und ein bißchen mitzuhelfen. Als sie ihn dann endlich in Lauras Wagen hatten und heimwärts fuhren, nahm Rieke den Faden wieder auf.

»Und was glaubst du, kann ich da tun? Ich meine, daß er sich nicht mehr als Versager fühlt und nicht mehr so einsam ist?«

Laura sah sie an. »Ich fürchte, nichts. Du kannst ihn nicht ändern, und du kannst auch seinen Hunger nach Anerkennung nicht stillen. Du kannst ihn nur so nehmen und lieben wie er ist.«

»Und dasselbe gilt dann, nehme ich an, auch für dich und deinen Steffen?«

»Es gilt für uns alle. Und seit mir das klargeworden ist, ich meine wirklich in seiner ganzen Bandbreite: du mußt ihn nehmen und lieben wie er ist oder gar nicht... seitdem geht es mir gar nicht mehr gut.«

»Weil du keine Lust hast auf Steffen pur?«

Laura nickte. »Und nicht nur das. Ich frage mich in letzter Zeit immer öfter, ob ich überhaupt noch so weitermachen will wie bisher. Ich habe nicht nur einen Ehemann, sondern auch noch einen Beruf, der mir keine Freude bereitet. Das einzige, was mir dieser Beruf bringt, ist Geld, und Geld habe ich, seit ich denken kann, mehr als genug. Ich lebe ein Leben, wie es vormals meine Eltern gelebt haben, und wie ich es ihnen als junges Mädchen immer übelnahm. Oberflächlich, gedankenlos. An erster Stelle kommt Verdienen, an zweiter Haben, an dritter Schein statt sein. Und dann kommt gar nichts mehr. Manchmal, wenn ich in den Spiegel schaue oder am Arm meines berühmten Gatten zu irgendeiner von diesen verdammten Partys schreite, dann wird mir vor mir selbst übel. Damals, als du und ich auf dem Fahrrad durch die Gegend zogen und wir noch Träume hatten, da habe ich mir doch so viel vorgenommen! Und was habe ich aus meinem Leben gemacht?«

Rieke lächelte. »Ja, damals! Da wolltest du, wenn du das Geld deiner Eltern einmal erben würdest, eine Schule für Mädchen gründen, die geradezu revolutionär sein sollte. Mit solchen Fächern im Stundenplan wie *Weibliches Selbstbewußtsein, Sexualität* und *Verhütung, Frauengeschichte* und *Feministische Literatur*. Frauengeschichte wolltest du dann selbst unterrichten. Du warst damals mit ganzer Seele auf dem feministischen Trip.«

»Ich hatte gerade Simone de Beauvoir, Alice Schwarzer und Anaïs Nin gelesen. Ich habe sie gelesen, weil meine Eltern so abfällig über die ›Schwarzer und Konsorten‹ sprachen. Da hatte ich endlich etwas, um mich von ihnen abzusetzen und etwas, wofür ich kämpfen konnte. Ich wollte mich wichtig machen, und vieles von dem, was ich propagierte, habe ich damals noch gar nicht verstanden. Aber das heißt ja nicht, daß die Inhalte keine Gültigkeit hatten. Und jetzt schau dir an, wie ich heute lebe. Ich bin ein Luxusweibchen geworden. Zwar mit eigenem Geld und eigenem Beruf, also rein wirtschaftlich gesehen unabhängig von meinem Mann, aber ansonsten bin ich doch auch nicht viel mehr als sein Anhängsel. Ich richte mich nach seinen Wünschen, füge mich um des lieben Friedens willen, verleugne mich sogar noch dann, wenn ich mich nach Jahren des Eingemauertseins endlich wieder einmal lebendig fühle, weil meine Möse laut pocht und nach Dr. Lenoits Privatbehandlung schreit. Ich habe einfach keinen Mut herauszufinden, wie und wer ich wirklich bin und das zu leben, was mir guttut, auch wenn es den anderen nicht gefällt. Ich funktioniere, wie sie mich alle haben wollen... mein Mann, meine Angestellten, meine Patienten, meine sogenannten Freunde.«

»Du hörst dich an, als hättest du das alles gewaltig satt!«

»Ja, wirklich, das habe ich auch!«

»Man nennt das Midlife-crisis«, sagte Rieke mit einem Hauch von Ironie in der Stimme.

»Kann sein. Warum auch nicht. Krisen sind gut und wichtig. Wir entwickeln uns an ihnen weiter.«

»Und dieser Dr. Lenoit? Bist du so richtig verliebt in ihn?«

»Seine Hand auf meinem Hintern hat sich jedenfalls himmlisch angefühlt!« Laura verdrehte verzückt die Augen, und die beiden Frauen lachten.

Als sie vor der Auberge *Au Bouquet Lavande* stoppten, ging es schon auf halb vier zu und niemand im Haus war mehr wach. Charly in seinem Zustand in den ersten Stock zu befördern, trauten sie sich nicht zu, zumindest nicht, ohne das ganze Haus zu wecken. Aber im Auto liegen lassen wollten sie ihn auch nicht. Da hatte Laura die Idee, ihn auf eine Decke unter die Kirschbäume zu legen, so als hätte er einfach Lust gehabt, unter freiem Himmel zu schlafen. Die Nächte waren warm, und Touristen kamen nicht nur im Lubéron auf die seltsamsten Ideen.

Auf dem Treppenabsatz im ersten Stock verabschiedeten sie sich dann voneinander, denn Riekes Zimmer lag hier und Laura mußte noch eins höher.

»Danke dir«, sagte Rieke. »Für das Fahren, für deine Hilfe

und vor allem für deine Offenheit. Es war fast wie früher, und ich habe es genossen, wenigstens für ein paar Minuten wieder eine Freundin zu haben.« Sie umarmte Laura, die verblüfft stillhielt, dann verschwand sie in ihrem Zimmer.

6. Kapitel

Laura und Steffen hatten sich von Madame Constant zwei Fahrräder geliehen. Für die Steigungen dieser Gegend waren sie eigentlich zu schwer, aber immerhin hatten sie Fünfgangschaltung.

Früher war Steffen gerne und oft Rad gefahren. Inzwischen trat er nur noch auf dem Trimmgerät im Keller in die Pedale, denn er haßte es, wenn ihn andere Radfahrer erkannten und sich dann an seine Fersen hefteten, um sich ihm unter dem Vorwand sportlicher Kameradschaft anzubiedern. Aber im Lubéron kannte ihn ja keiner, und er konnte sich einmal wieder ganz ungezwungen bewegen. Die Steigungen allerdings machten ihm mehr zu schaffen, als er gedacht hatte, und er mußte seines Herzens wegen immer wieder absteigen und schieben.

Laura versuchte, sich ihre Ungeduld nicht anmerken zu lassen. Wenn sie feststellte, daß Steffen zurückblieb, verringerte sie ihr Tempo, wenn er nach ihr rief, weil er abgestiegen war, stieg auch sie ab und schob neben ihm her. Aber innerlich grummelte sie vor sich hin. Sie wußte, daß Steffen vorsichtiger war, als nötig gewesen wäre, daß ihm sein Arzt sogar angeraten hatte, die Trainingseinheiten zu steigern, doch Steffens Angst wirkte stärker als jeder ärztliche Rat.

Sie waren seit etwa zwei Stunden unterwegs. Von der *Au Bouquet Lavande* bis zur ersten Steigung führte eine schmale Teerstraße fünf Kilometer durch ein Tal, das mit Obstbäumen bepflanzt war. Da hatten sie nicht viel zu tun gehabt. Ein bißchen treten, sich an der wunderschönen Landschaft, den Melonenfeldern, den Weingärten erfreuen und ihren Gedanken nachhängen. Dann die erste Kuppe, schließlich der erste größere Anstieg und danach wieder bergab. Zwölf Kilometer lagen inzwischen hinter ihnen, und vor ihnen, im Tal, schimmerte im Sonnenlicht das kleine Flüßchen, das sie vor ein paar Tagen schon einmal auf den Pferden überquert hatten.

Von dieser Brücke aus konnten es höchstens noch drei oder vier Kilometer bis zu Madame Constants Haus sein. Laura sah auf die Uhr. Es war halb zehn, sie würden also noch zeitig genug ankommen, um ein spätes Frühstück am Swimmingpool zu sich nehmen zu können.

Als Laura das Ende des Abhanges erreicht hatte und auf die kleine Steinbrücke fuhr, die, wie Madame Constant behauptete, noch von den Römern stammte, entdeckte sie plötzlich Rieke. Sie saß an der Uferböschung, hielt einen Ast in der Hand, mit dem sie das Wasser zerteilte. Mal hin, mal her, und dazu sang sie ein Lied, das sie früher oft gemeinsam gesungen hatten:

»*Mutter des Himmels, Mutter im Hain, silberglänzende Göttin mein, silberglänzende Göttin mein – ich tanze und singe, sing ein Lied für dich, dafür liebst du mich, dafür liebst du mich...*«

Laura fühlte, wie ihr Herz einen Satz tat. Rieke, wie sie so am Fluß saß und sang, war plötzlich wieder siebzehn Jahre alt, war selbst die silberglänzende Göttin mit langem, blondem Haar, war so zart und zum Liebhaben schön.

»Mein Himmel«, dachte sie, »was ist nur aus uns beiden geworden? Aus unseren Träumen, den Wünschen, die wir vor zwanzig Jahren hatten. Frustrierte alte Weiber sind wir geworden, die es ihren Männern übelnehmen, daß sie sich selbst verloren haben.«

Laura trat in die Bremse, rutschte vom Sattel, hielt das Rad zwischen den Schenkeln. Sie wollte den Anblick genießen – eine Rieke, die sie längst für tot gehalten hatte. Das Lied wollte sie hören, die Silberklänge, ein bißchen zu hoch gesungen, aber tief aus dem Herzen und darum so wunderschön. An Steffen hatte sie dabei überhaupt nicht mehr gedacht, es war einfach ein Moment ohne Zeit und Ort. Aber der ganze Zauber dauerte nur ein paar Sekunden, denn plötzlich fühlte sie einen Stoß, hörte ein Fluchen, einen Schrei, fiel vornüber, spürte spitzes Metall auf dem Schenkel und den schweren Körper Steffens über sich.

Sie brauchte ein paar Sekunden, bis sie begriff, was passiert war. Sie hatte plötzlich gebremst, Steffen hatte nicht damit gerechnet und war aufgefahren. Ein Unfall. Sie hatten einen Fahrradunfall! Und irgendwie konnte sie nicht anders, sie mußte lachen, lachte laut und hysterisch, bis ihr die Tränen über die Wangen liefen. Ein Fahrradunfall! Wenn sie sonst schon nichts mehr miteinander hatten, dann doch wenigstens einen Fahrradunfall!

Steffen fand das allerdings gar nicht lustig. Er fluchte und beschimpfte sie. »Zum Donnerwetter, bist du denn von allen guten Geistern verlassen, hier einfach ohne jede Vorwarnung zu bremsen! Ja, wie kann man denn nur so blöd sein!«

Er versuchte aufzustehen, was ihm schwerfiel, weil er mit seinem T-Shirt irgendwo festhing und die beiden Räder ineinander verklemmt waren. Er trat Laura auf den Oberschenkel, sie schrie auf, und als er sie endlich von seinem Gewicht befreit hatte, schimpfte er weiter, starrte sie dabei haßerfüllt an.

Laura lachte nun nicht mehr. Sie rappelte sich auf, fühlte brennenden Schmerz auf dem Oberschenkel, am Ellenbogen, am Handballen. Sie hatte Schürfwunden, blutete, fühlte, daß sie sich an der Hüfte eine Prellung zugezogen hatte. Sie hielt Steffen, wie als Bitte um Verzeihung, die blutende Hand hin, aber er schob sie nur unwirsch weg, fuhr sie an:

»Daran bist du selbst schuld! So viel Dummheit auf einmal!« Er griff sich an die Schulter und verzog schmerzvoll das Gesicht. »Ich habe mir die Schulter verrissen! Und das deinetwegen!«

Laura sah ihn stumm an. Der Haß in seinen Augen erschreckte sie. Was war denn schon passiert? Ein kleiner Unfall, na und! Das gehörte doch schließlich zum Leben! Darum so einen Aufstand machen. Sie konnte es nicht begreifen, es war so lächerlich, so blöde, so kleinlich.

Plötzlich stand Rieke neben ihnen. »Was'n los, ist euch was passiert?« fragte sie und griff nach Lauras blutender Hand.

»Ach, ist nicht so schlimm, nur ein paar kleine Schürfwunden. Ich habe gebremst, und da ist Steffen aufgefahren.«

»Wer kann denn das auch ahnen, bremst ohne jeden ersichtlichen Grund!« Steffen versuchte den Lenker seines Rades zu richten, zuckte dabei aber vor Schmerz zusammen. »Es geht nicht, die Schulter! Ich werde nicht fahren können. Am besten, ich lasse das Rad hier stehen und geh zu Fuß zur Pension zurück.«

»Ich könnte es ja für dich nach Hause fahren«, schlug Rieke vor.

Er sah sie an, als ob er abwägen müßte, ob er ihr das auch wirklich zutrauen konnte, drückte ihr plötzlich das Fahrrad in die Hand und ging ohne ein Danke oder einen Gruß davon.

Die beiden Frauen sahen ihm eine Weile lang schweigend nach, dann schüttelte Rieke den Kopf, sagte: »Daß er ein Mimöschen ist, hast du mir ja schon erzählt, aber so was von einem überempfindlichen Selbstbemitleider – das hätte ich nun doch nicht gedacht!«

Laura ging los, schob das Rad über die Brücke, ließ es am Abhang ins Gras fallen, setzte sich ans Ufer und fing an, mit einem Taschentuch ihre Wunden zu säubern.

»Vorhin, als er mich so beschimpfte«, sagte sie, »da dachte ich plötzlich an einen alten vorpatriarchalischen Brauch der arabischen Beduinenfrauen. Sie konnten sich von ihren Männern scheiden, indem sie einfach nur ihr Zelt umdrehten, es mit dem Eingang in eine andere Richtung aufstellten. Der Mann durfte es dann nicht mehr betreten. Und da habe ich...«, sie brach ab und verzog das Gesicht, weil sich beim Säubern der Hand ein Steinchen in die Wunde drückte, »...da habe ich in Gedanken mein Zelt umgedreht. Ich will nicht mehr, Rieke. Es gibt keinen besonderen Anlaß, es ist einfach nur, daß ich keine Geduld, keine Kraft mehr für diese

Beziehung habe. Steffen und ich sind uns so unendlich fremd geworden. Er halb tot, und ich will doch noch eine ganze Menge leben! Endlich mein Leben und meine Träume leben – mich leben.«

Laura hob den Arm, um die Wunde am Ellenbogen zu reinigen. Da nahm ihr Rieke das Taschentuch aus der Hand, sagte: »Warte, ich mach das für dich.«

Laura lächelte. »Siehst du, darum geht es unter anderem auch. Ich wünschte mir manchmal, Steffen würde ab und zu meine Wunden säubern, statt mich anzubrüllen und sich selbst leid zu tun. Ein einfacher Freundschaftsdienst – den er im übrigen von mir ganz selbstverständlich erwartet –, ein bißchen gegenseitige Aufmerksamkeit, das gehört doch schließlich zu einer Ehe. Aber Steffen ist viel zu sehr mit sich beschäftigt. In seinem Leben ist kein Platz mehr für eine Frau!«

Laura dachte eine Weile nach, dann fuhr sie fort: »Wir schlafen getrennt, wir essen nur selten gemeinsam, die Abende verbringt Steffen meist in seinem Arbeitszimmer... wenn ich mich von ihm trennen würde, und ich würde dafür sorgen, daß Rita, unsere Haushälterin, bei ihm bliebe, ich glaube, daß für ihn alles einfach so weiterliefe wie bisher. Er würde mein Fehlen höchstens dann bemerken, wenn man ihn auf irgendeiner Party nach mir fragte. Aber Köln ist ein Nest, die Nachricht wäre in Windeseile herum, und schon bald würde kein Hahn mehr nach mir krähen.«

»Das klingt ja entsetzlich. Wie zwei Fremde in einem Haus! Da sind mir die ewigen Reibereien zwischen Charly und mir dann doch noch lieber. Ach, übrigens Reibereien!« Rieke gab Laura das Taschentuch zurück und sah ihr tief in die Augen. »Das vorgestern im Steinbruch, das warst doch du? Du hast den Stein absichtlich heruntergestoßen!«

»Ja«, gab Laura zu. »Und weißt du was – es hat mir richtig gut getan!« Sie lachte.

»Kann ich verstehen. Ich habe auch schon Mordgelüste auf dich gehabt. Damals vor allem, als die Sache mit Charly passierte. Du hast alles durcheinandergebracht! Kommst aus England zurück und zerstörst mir mein Glück!«

»Aber ich hab' doch nichts...«

»Ich weiß schon«, unterbrach Rieke. »Ich weiß es heute, und damals wußte ich es im Grunde auch. Nur, wenn ich es vor mir und der Welt zugegeben hätte, daß Charly so ein...« Sie stockte, sagte dann leise: »...daß er so ein verdammter Mistkerl ist, der sich über meine allerbeste Freundin hermacht, dann hätte ich doch Konsequenzen draus ziehen müssen. Ich hätte ihn zum Teufel schicken müssen, und dann wäre alles, was ich mir so wunderschön ausgemalt und zurechtgeträumt hatte, kaputt gewesen. Und außerdem war ich damals schon schwanger.«

Rieke legte sich zurück ins Gras, verschränkte die Arme hinterm Kopf und schloß die Augen. »Weißt du«, sagte sie, »meine größte Angst war die, wie meine Mutter zu enden. Mit drei Kindern und einem mürrischen Mann in einer Zweieinhalb-Zimmer-Wohnung, in einem Betonklotz ohne Garten, der Balkon wird allein schon vom Wäscheständer mit den Windeln ausgefüllt, und dazu ewig Krach mit einer keifenden Hausmeisterin. Das war der absolute Horrorgedanke für mich! Und dann kam Charly Leyendecker mit dem väterlichen Reitbetrieb im Rücken. Ein Leben mit ihm bedeutete: Pferde, Weiden und Wald ringsum, Freiheit, meine eigene Herrin sein... jedenfalls sah ich das damals so. Und Charly, ein so guter Reiter und so gutaussehend, wie er damals war, hat mir dazu auch noch mächtig imponiert, und ich war stolz darauf, daß von allen, die ihn anhimmelten, ausgerechnet ich die glückliche Braut sein sollte!«

Rieke lachte. Es war ein verzweifeltes, hartes Lachen. Dann schüttelte sie den Kopf wie über ihre eigene Dummheit. »Meine Mutter hat mich noch gewarnt, hat mir erzählt, daß ihre Großmutter immer sagte: Ein Mann, der vor der Ehe eine an jedem Finger hat, hat in der Ehe an jedem zehn! Aber ich wollte ihr das nicht glauben. Ich hielt mich und meine Liebe für so mächtig, daß ich überzeugt war, Charly ändern zu können!«

»Ein Fehler, den wir Frauen immer wieder machen«, sagte Laura.

»Und außerdem war da ja auch noch Charlys Vater. Der alte Leyendecker war damals schon zweiundsechzig Jahre alt und hatte nur drei Monate, nachdem er den Hof gekauft hatte, diesen schrecklichen Unfall. Kannst du dich an die Geschichte erinnern?«

»Etwas war mit seiner Hand, glaube ich. Du hast es mir damals, als ich aus England zurückkam, erzählt, aber es ist so lange her.«

»Er hat sie in die Häckselmaschine gebracht, sie war völlig zerfetzt. Und mit nur einer Hand die ganzen Pferde versorgen, das ging ja wohl nicht. Also mußte Charly, der damals als Bereiter auf einer privaten Deckstation arbeitete, seinen Job kündigen. Doch er wollte das nur unter der Bedingung tun, daß sein Vater den Betrieb ganz an ihn übergab. Dem alten Leyendecker war sein Sohn aber zu leichtfertig, deshalb zögerte er mit seiner Entscheidung. ›Ja, wenn du eine Frau hättest, die was vom Betrieb versteht‹, hatte er gesagt, ›eine wie die Rieke, dann meinetwegen.‹« Rieke seufzte leise und sah Laura an. »Da fühlte ich mich natürlich geehrt und darin bestätigt, daß ich mit Charly gut dran wäre. Und als ich dann auch noch schwanger wurde und er mir wirklich einen Antrag machte, überlegte ich gar nicht lange, ich sagte ja.«

Laura nickte. »Und dann kam ich aus England zurück, diese blöde Sache passierte, und deine ganzen Illusionen von Glück und Freiheit waren dahin.«

»Wären dahin gewesen«, verbesserte Rieke.

»Wenn ich der Wahrheit ins Gesicht gesehen hätte. Hab' ich aber nicht, sondern ich hab' dir die Schuld an allem gegeben. Also kündigte ich dir die Freundschaft und heiratete Charly.«

Rieke zuckte mit den Schultern.

»Charly hat mich genommen, weil sein Vater es so wollte, ich habe ihn genommen, weil ich von zu Hause raus wollte und weil das Kind unterwegs war, und das Ganze nannten wir dann Liebe.«

Eine Weile schwiegen die beiden Frauen, dann setzte sich Rieke plötzlich auf und tippte Laura an. »Und jetzt bist du dran!«

»Womit?«

»Na, mit Erzählen! Wo, wie und wann hast du deinen Traumprinzen kennengelernt? Ich meine, an einen Steffen Reims kommt frau schließlich nicht alle Tage!«

Laura lachte. »Als ich ihn kennenlernte, war er ja auch noch nicht *der* Steffen Reims. Er war ein kleiner Journalist und arbeitete beim Rundfunk. Er las Nachrichten, interviewte ab und zu mal Prominente, machte Sendungen für und mit *dem Kleinen Mann auf der Straße*. Eigentlich recht banale Sachen.

Kennengelernt habe ich ihn in Köln in der Oper. Es wurde Falstaff gegeben. Wir saßen nebeneinander, tranken dann in der Pause ein Glas Sekt zusammen und unterhielten uns über die Inszenierung. Damals war ich dreiundzwanzig und Steffen dreißig. Er verliebte sich sofort in mich, ich brauchte etwas länger – genau zwölf Tage. Da ging ich nämlich in die Rigoletto-Premiere. Ich hatte ihm davon erzählt, und da stand er dann plötzlich in der Pause wieder vor mir. Er hatte Himmel und Hölle in Bewegung gesetzt, um an eine Karte zu kommen. Nach der Pause, als ich wußte, daß er auch da war und genau fünf Reihen hinter mir saß, hatte ich keine ruhige Minute mehr. Ich spürte seine Blicke, die mir heiß im Nacken brannten und konnte mich überhaupt nicht mehr auf das Stück konzentrieren. Es war ein himmlisch prickelndes Gefühl!«

»Schade, daß dieses Prickeln dann immer so schnell vorbeigeht«, sagte Rieke.

»Ach, es hat sogar eine ganze Weile angehalten! Ich studierte damals in Würzburg und wohnte, weil ich mich mit dem Lebenspartner meiner Mutter nicht verstand, in Köln bei meinem Vater. Ich kam aber nur an jedem zweiten Wochenende nach Hause, und darum sah ich Steffen relativ selten. Dafür schrieben wir uns lange und sehr erotische Briefe. Das gefiel mir. Steffen konnte auf dem Papier so unglaublich zärtlich sein!«

»Wie, etwa nur auf dem Papier?« Rieke grinste anzüglich. »Und das hat dir genügt?«

»Natürlich nicht *nur* auf dem Papier. Aber auch! Und mit Worten gestreichelt zu werden, ist gar nicht das Schlechteste.«

»Du meinst, Worte schwitzen nicht, haben keinen Mundgeruch und können bei Bedarf und beliebig oft aus der Schublade gezogen werden?«

Laura verdrehte die Augen und lachte. »Du wirst der Rieke, die ich irgendwann vor tausend Jahren einmal kannte und unglaublich gerne hatte, immer ähnlicher. Vorhin, als du das Lied von der silberglänzenden Mondmutter gesungen hast, da warst du plötzlich wieder siebzehn, und ich hätte am liebsten die Welt angehalten, so schön war das.«

»Du hast mich singen gehört?«

»Natürlich. Deshalb habe ich ja gebremst, deshalb ist ja das ganze Unglück passiert!«

Rieke lachte.

»Na so was, da hab' ich mich ja bereits für den Stein im Steinbruch revanchiert, ohne es zu wissen.«

Sie umschlang ihre Knie und sah Laura an. »Sag mal, kannst du dich eigentlich noch an die zweite Strophe des Liedes erinnern? Mir fällt sie einfach nicht mehr ein.«

»Doch, ich erinnere mich.« Laura sang: *»Mutter der Erde, Mutter im Moor, nachtdunkle Göttin mein, nachtdunkle Göttin mein – verklingt mein Lied und tanz' ich nimmermehr, werd' ich bei dir sein, werd' ich bei dir sein ...«*

Rieke nickte. »Ja, tatsächlich, so ging das. Wir haben es bei unseren Mondfeiern gesungen. Weißt du noch, wie wir einmal auf einer Wiese neben einem Bach ein Feuer gemacht haben? Ringsum im Kreis hatten wir Kerzen aufgestellt. Und dann haben wir am Feuer gesungen, erzählt und Tee aus einer Thermoskanne getrunken. Und dann kam der Wildhüter des Dorfes auf einmal angefahren. Er hatte das Feuer und den Lichterkreis drumherum von einer Anhöhe aus gesehen. Als er neben uns stoppte, kurbelte er das Fenster runter und fragte: ›Hey, ihr, was macht ihr denn da!‹ Und du hast die Thermoskanne hochgehoben und geantwortet: ›Na, Tee trinken natürlich!‹ «

Laura lachte. »Ja, ich erinnere mich daran. Er war so perplex, daß er ohne ein Widerwort weiterfuhr, aber in einiger Entfernung stoppte er, stieg aus und beobachtete uns, bis wir schließlich das Feuer löschten und nach Hause gingen. Wir haben uns köstlich über ihn amüsiert und nannten ihn von da an immer ›Beelzebub‹, den Gefährten der Unterweltgöttin.«

»Beelzebub, ja stimmt! Und weißt du was, inzwischen ist er tatsächlich ihr Gefährte. Er kam nämlich vor zwei Jahren im Wald ums Leben. Man fand ihn von einem umgestürzten Baum erschlagen ganz in der Nähe der Barbara-Höhle, von der die Alten im Dorf noch diese Legende erzählten, daß sie der Eingang zur Unterwelt sei.«

Rieke lehnte sich wieder zurück, schloß die Augen. »Und Steffen?« fragte sie, »wie ging's mit euch nach der Rigoletto-Premiere weiter?«

»Zwei Jahre später heirateten wir, obwohl ich mit dem Studium noch nicht ganz fertig war. Aber Steffens Mutter hatte nur noch ein paar Wochen zu leben und wollte so gerne dabeisein, wenn ihr einziger Sohn vor den Traualtar trat. Wir taten ihr den Gefallen, und ich ließ mich sogar dazu überreden, ein weißes Kleid anzuziehen. Ich tat es für sie, es war sozusagen ihr letzter Wunsch.«

»Du und kirchlich heiraten! Wer hätte je gedacht, daß du dich auf so etwas ›Stinkbürgerliches‹ einlassen würdest.«

Laura zuckte mit den Schultern.

»Zwischen dem dreizehnten und dem dreiundzwanzigsten Lebensjahr liegen doch in Wahrheit Jahrzehnte. Du mußt eine ganze Menge Federn lassen in dieser Zeit des Erwachsenwerdens und einiges an Kompromissen schließen. Zumindest dachte ich das damals. Heute frage ich mich allerdings manchmal, ob es denn wirklich nötig ist, oder ob es nicht einfach daran liegt, daß wir den bequemeren Weg gehen wollen.«

»Vermutlich«, warf Rieke ein.

»Jedenfalls heirateten wir und führten, bis ich mit dem Studium fertig war, eine Wochenendehe. Dann arbeitete ich in der Praxis meines Vaters mit– du weißt ja, er hat sich nach der Scheidung in Köln niedergelassen –, und etwa zur selben Zeit bekam Steffen seine erste Chance beim Fernsehen. Eine Art politisches Quiz – die Sache wurde dann allerdings ein Flop, und Steffen war wieder so weit wie vorher. Eine zweite Chance bekam er dann ein paar Jahre später, da war er allerdings schon fast vierzig. Ein Moderator starb kurz vor der Premiere einer Live-Sendung an Herzinfarkt. Steffen sprang ein und kam fantastisch an. Von da an ging es bergauf mit ihm, plötzlich war er gefragt und ließ sich feiern. Bis er dann mit vierundvierzig selbst einen Herzinfarkt hatte. Das war vor zwei Jahren. Seitdem bangt er, daß er endet wie der Kollege, dessen Tod er sozusagen seine Karriere zu verdanken hat.«

Laura sah auf die Uhr.

»Was hältst du davon, wenn wir uns auf den Weg machen? Ich bekomme nämlich langsam Hunger und auch Lust, ein paar Runden zu schwimmen!«

»Einverstanden. Eine Tasse Kaffee, dazu ein Croissant und etwas von Madame Constants herrlicher Aprikosenkonfitüre würden mir jetzt auch guttun.« Sie sprang auf und kletterte die Uferböschung hinauf, und da blieb sie auf einmal wie angewurzelt stehen. Drüben, am Waldrand, sah sie zwei Reiter. Es waren Charly und Marie Canty, die junge Frau, bei der sie vor ein paar Tagen die Pferde gemietet hatten. Sie ritten im Schritt nebeneinander her und hielten sich dabei an den Händen, blieben plötzlich stehen und küßten sich zärtlich.

Als Laura Riekes Blick folgte und sah, was sie sah, legte sie tröstend eine Hand auf ihre Schulter, aber Rieke schüttelte sie unwirsch ab, griff sich Steffens Fahrrad, stieg auf und fuhr, ohne ein Wort darüber zu verlieren, Richtung Pension davon.

7. Kapitel

Für Rieke stand fest, daß sie zu Charly kein Wort über seinen Ausritt sagen würde, denn solche Diskussionen, das wußte sie aus Erfahrung, arteten in gegenseitiges Anbrüllen aus, ohne auch nur das geringste zu bewirken. Nein, sie würde es ihm ganz einfach heimzahlen, und am besten fing sie damit gleich heute abend an.

Zum Essen zog sie das Kleid mit den Mohnblumen an. Dazu schminkte sie sich und steckte die Haare zusammen. Als sie fertig war und sich beim Hinuntergehen im großen Spiegel an der Treppe betrachtete, war sie sehr zufrieden mit sich.

Aber da war plötzlich auch so etwas wie Trauer, und sie fragte sich, wann und warum sie eigentlich damit aufgehört hatte, sich schön zu machen, Frau zu sein, sich weiblich zu fühlen. Ach ja richtig, es war damals, als sie ihren verheißungsvollen Job als Juniorchefin antrat und vor lauter Glück gar nicht merkte, daß sie nichts anderes als ein besserer Stallbursche war. Und Stallburschen tragen nun mal keine Kleider! Sie arbeiten sich Schwielen an die Hände, gewöhnen sich einen ruppigen Umgangston an und stinken nach Mist. Und wenn sie abends die Lichter löschen und andere zum Tanzen gehen, dann fallen sie höchstens noch todmüde ins Bett. Für so ein Leben hatte sie mit zwanzig alles andere aufgegeben – und übermorgen wurde sie vierzig und hatte vielleicht schon mehr als die Hälfte ihres Lebens hinter sich.

Wie hatte Laura heute morgen gesagt: Ich will noch eine ganze Menge leben! O ja, das wollte sie auch. Noch eine ganze Menge leben, lieben, lachen, tanzen und fröhlich sein. Endlich mal wieder! Und wenn sie das wollte, wenn sie es wirklich wollte, soviel hatte sie in den letzten Tagen begriffen, mußte sie damit aufhören, Charly darum anzubetteln und es sich ganz einfach nehmen.

Gerade als sie unten ankam, ging die Tür auf und Charly betrat das Haus. Er blieb stehen, als er sie erkannte und starrte sie einen Moment verwirrt an, so, als hätte er ihr gar nicht zugetraut, so hübsch aussehen zu können. Dann huschte plötzlich der Schatten eines schlechten Gewissens über sein Gesicht, er wandte sich verlegen ab, murmelte irgendeine Entschuldigung und ging hinauf.

Rieke sah ihm nach. Ganz so abgebrüht, wie er immer tat, war er also doch noch nicht! Wenigstens ein bißchen schämte er sich dafür, ihr sogar noch im Urlaub Hörner aufzusetzen. Aber warte du, dachte sie bei sich und spitzte im Geiste schon mal die Krallen, dir werde ich noch zeigen, wie ich mich deinetwegen immer fühle!

Als sie dann das Kaminzimmer betrat, waren schon alle versammelt. Madame Constant, die de Burgers, das junge Hochzeitspaar, Laura und Steffen und außerdem auch Pascal Lenoit, der sofort aufsprang und ihr die Hand küßte, als sie auf ihn zukam. Schade, daß Charly das nicht gesehen hat, dachte sie voller Bedauern und ging weiter zu Laura, die am Kamin stand und an einem Glas Rosé nippte.

»Ich habe es mir überlegt, ich nehme dein Angebot an«, flüsterte sie ihr zu.

»Welches Angebot?« flüsterte Laura zurück.

»Na, du wolltest mir doch deinen Steffen borgen... zum Flirten!«

»Ach so, ich verstehe.« Laura lächelte. »Na dann, viel Glück!«

»Aber Pascal Lenoit wäre vielleicht auch nicht schlecht...«

»Von dem laß bloß die Finger!« zischte Laura, und Rieke grinste ihr eins. Daß Laura sie als ernsthafte Konkurrenz betrachtete, gefiel ihr. Es stärkte ihr angeknackstes Selbstbewußtsein enorm!

Rieke ließ sich von Madame Constant ein Glas gekühlten süßen Muskatwein geben und schlenderte damit auf Steffen zu, der ans Fenster gelehnt über irgend etwas nachgrübelte. Als sie plötzlich neben ihm stand, begrüßte er sie pflichtschuldigst, und sie erkundigte sich freundlich nach seiner Schulter. Es sei zwar nichts zu sehen, aber er habe enorme Schmerzen, antwortete er ihr, worauf Rieke erzählte:

»Ich wurde einmal von meinem Pferd gegen mein linkes Schienbein getreten. Es war nur ein kleiner Bluterguß zu sehen, ein paar Tage dunkelblau, dann gelb, dann nichts mehr. Aber es schmerzte fast ein ganzes Jahr so sehr, daß ich beim Gehen Schwierigkeiten hatte. Aber natürlich glaubten mir weder mein Mann noch mein Sohn, sie unterstellten mir sogar, ich sei wehleidig und würde maßlos übertreiben. Schließlich gab ich es auf und sagte gar nichts mehr, es hatte ja doch keinen Sinn. Oft«, fügte sie an, nachdem sie einen Schluck aus ihrem Glas genommen hatte, »oft sind die Verletzungen, die nicht sichtbar sind, doch die schlimmsten, und erst recht, wenn man von den Menschen, mit denen man lebt, nicht verstanden und ernst genommen wird. Nur das Sichtbare zählt doch in unserer Gesellschaft!«

Steffen nickte und erzählte nun seinerseits: »Das mit meinem Herzinfarkt lief ganz ähnlich. Zuerst, natürlich, da waren alle besorgt um mich und jeder fand, ich sollte mich unbedingt schonen. Doch mit der Zeit...«

An dieser Stelle des Gesprächs klinkte Rieke sich aus, hörte nicht mehr zu, denn plötzlich war die Tür aufgegangen und Charly erschien. Seine Haare waren vom Duschen noch feucht und klebten am Kopf, sein Kinn glänzte, offensichtlich hatte er sich eben frisch rasiert. Rieke beobachtete aus den Augenwinkeln, wie er sich umsah, sie entdeckte, ein paar Schritte auf sie zukam, dann aber, als er sah, wie ›angeregt‹ sie sich mit Steffen unterhielt, unschlüssig stehenblieb. Madame Constant begrüßte ihn, bot ihm ein Glas Pastis an. Er nahm es und wurde dann zu Riekes Erleichterung von Theo de Burger in Beschlag genommen. Theo hatte es nie aufgegeben, Charly mit einzubeziehen, er versuchte immer wieder, ihm wenigstens ein kleines Lächeln zu entlocken.

Rieke wandte sich wieder ganz Steffen zu, wechselte ihr Glas von einer Hand in die andere, neigte den Kopf und strahlte ihn an. Er sagte etwas von linker Herzkammer und einem gewissen Dr. Reich, worauf sie amüsiert kicherte. Da wurde Charly aufmerksam und sah zu ihr herüber. Rieke lächelte Steffen an. Sie lächelte ein zauberhaftes, verliebtes Lächeln, drehte sich dann zur Seite, wischte ein imaginäres Staubkörnchen von Steffens Jackett, stellte sich auf die Zehenspitzen und flüsterte ihm etwas ins Ohr.

Laura, die die beiden ebenfalls beobachtet hatte, hatte alle Mühe, nicht laut loszulachen. Rieke konnte das immer noch so gut wie früher, als sie mit genau demselben Trick den schönen Fredy gegen den harmlosen Franz ausspielte! Sie war ein Biest, und das stand ihr tausendmal besser als diese ewig leidende Opferhaltung!

Bei Tisch nahmen Rieke und Steffen nebeneinander am Ende der langen Tafelseite Platz, ihnen gegenüber saßen Pascal Lenoit und Laura und am kurzen Ende, also zwischen den beiden Paaren, Charly. Das versprach interessant zu werden, und langsam fing die Geschichte an, Rieke so richtig Spaß zu machen. Sie nahm ihre Serviette, faltete sie mit einer großen Geste auseinander und streifte dabei wie aus Versehen Steffens Hand.

Charly sah es und warf ihr einen messerscharfen Blick zu. Die zwei steilen Falten über seiner Nasenwurzel, die sich schon vorher im Kaminzimmer in seine Stirn gegraben hatten, vertieften sich dabei noch um einiges.

Während Michelle den ersten Gang auftrug und Rieke ihrem Mann mit distanzierter Höflichkeit das Brot reichte, wiederholte drüben, am anderen Tischende, Theo de Burger, der wieder einmal die heiter unbeschwerte Friedfertigkeit der Provenzalen lobte, einen Satz des berühmten Dichters Frédéric Mistral:

»Mit Waffen und Tumulten möge siegen, wer kann, Du, Provence, dichte und singe!«

Dabei warf er theatralisch die rechte Hand hoch, in der er

seine Gabel hielt und griff mit der linken nach dem Brotkorb, den Karen ihm reichte.

»Aber leider sind diese Zeilen nicht viel mehr als ein frommer Wunsch«, hielt ihm Pascal Lenoit entgegen. »Damals so wie heute.« Er hob Theo sein Glas entgegen, als wolle er darauf trinken, und dann erzählte er etwas, worüber seine Landsleute im allgemeinen nicht so gerne sprachen. »Es ist gar nicht so weit von hier, nämlich östlich der Nesque-Schlucht, an deren Hängen sich ausgedehnte Lavendelfelder erstrecken, stark duftend und sehr blau, und wo ein beständiges Summen und Surren der Bienen, die den Bauern von Sault den köstlichen Lavendelhonig liefern, die Luft erfüllt. Tiefste Provence-Idylle, könnte man also meinen!

Aber nur ein paar Kilometer von dort harrt der Tod in seiner unbarmherzigsten Form. Dem Spaziergänger, der nichtsahnend und allerbester Dinge über das Plateau d'Albion streift, versperren plötzlich Stacheldraht, Verbotsschilder, Bunker und Wachposten den Weg, denn dort oben, auf einsamer Höhe, in ihren Abschußlöchern verborgen, lauern die Atomraketen der Force de frappe. Es sind achtzehn Flugkörper der Sorte S 3, die in tiefen Betonsilos rund um die Basis von St. Cristol einsatzbereit gehalten werden. Sie haben eine Zerstörungskraft, die 1200mal größer ist als die der Hiroshima-Bombe.«

Er schob sich eine Gabelfuhre von der köstlichen Vorspeise – in Weißwein gedünstete Auberginen mit einer Soße aus Wildpilzen – in den Mund, verdrehte vom Geschmack verzückt die Augen und sah dann wieder in die Runde. »Man kann sich natürlich vorstellen, daß dieses Schreckensarsenal vorrangiges Ziel eines jeden ernsthaften Angreifers sein wird und muß. Das bedeutet, wir sitzen hier quasi mit dem Hintern auf der Herdplatte und merken es gar nicht. Gemütlich, dieser Gedanke, nicht wahr? Und er hat ganz sicher wenig mit Dichtkunst und Sangesfreuden und der provenzalischen Friedfertigkeit zu tun!«

Um das Ganze noch etwas plastischer auszumalen, fuhr er, nachdem er seinen Teller mit einem Stück Weißbrot leergewischt hatte, fort: »Und ein paar Kilometer weiter nördlich, bei den Dörfern Rusterel und Reilhanete nämlich, sitzen in sogenannten Kommandokapseln etwa 400 Meter unter der Erde zwei Offiziere und warten auf den Abschußbefehl des Staatspräsidenten. Ihre Zeit, heißt es, verbrächten sie mit Fernstudien, was wiederum beweist, daß wir Franzosen keineswegs immer nur Essen und Trinken im Kopf haben. Auch Bildung ist uns in jeder Lebenslage wichtig, selbst dann noch, wenn sie zur Farce wird!«

Steffen schob plötzlich mit einer heftigen Geste seinen Teller von sich, obwohl er erst ein paar Happen gegessen hatte. Er sah von Pascal Lenoit zu Laura, dann auf Riekes Hand, die sich im selben Moment beschwichtigend auf seine legte. Diese fast zärtliche Geste erstaunte ihn so sehr, daß er seinen Ärger tatsächlich runterschluckte und statt die Tafel zu verlassen, wie er es eigentlich vorgehabt hatte, einen kräftigen Schluck Wein nahm, um mit ihm diesen schalen Geschmack von Tod und Inferno hinunterzuspülen.

Betretenes Schweigen folgte, nur das beständige Klappern von Gabeln auf Tellern war noch zu hören, bis schließlich Michelle kam und den nächsten Gang servierte: Lamm mit Kräuterfüllung auf hauchdünnen, im Backofen gegarten Kartoffelscheiben. Schon der Duft war so köstlich, daß Theo de Burger leise aufseufzte.

»Atombomben hin, Atombomben her«, sagte er zu Madame Constant und brach damit das betretene Schweigen, »ich werde jedenfalls immer wieder hierherkommen! Schon alleine des Essens wegen!«

Madame Constant lächelte ihn freundlich an, dann wandte sie sich an Pascal. »Sie hätten das nicht erzählen dürfen. Man sollte doch wenigstens im Urlaub diesen Wahnsinn vergessen können.«

»Verzeihen Sie, Madame, ich wollte natürlich niemandem die Stimmung verderben«, entschuldigte er sich. »Es hat wohl mit meinem Hang zu tun, immer und unbedingt auch hinter die Dinge sehen zu wollen. Mir reicht das vordergründige Lavendelblühen nicht, denn es ist letztendlich ja nur ein Verschließen der Augen vor dem, was uns in Wirklichkeit bedroht.«

»Und Sie halten sich darum wahrscheinlich für besonders mutig?« fragte Steffen in provozierendem Ton.

»O nein.« Pascal schüttelte den Kopf und sah Steffen ernst an. »Ich weiß, daß auch ich aus meiner Angst heraus agiere. Und um ehrlich zu sein, manchmal sitzt mir die Angst so sehr im Nacken, daß ich keine Minute zu leben versäumen, keine Zeit ans Unglücklichsein verschenken, keine Gelegenheit auslassen möchte zu lieben, zu geben und zu heilen. Die Angst ist mein Motor, sie treibt mich an, sie hält mich in Bewegung. Und letztlich ist diese Angst wohl auch der Grund, weshalb ich Arzt geworden bin.«

»Um das Unheil abzuwenden, so gut es geht?« fragte Karen de Burger, und Pascal nickte.

»Der vorgeschobene Grund, das Lavendelblühen sozusagen, wäre die Tatsache, daß schon mein Vater Arzt war und ich in diesen Beruf hineingewachsen bin... aber hätte ich nicht so viel Angst vor dem Tod, würde ich doch sicher nicht all meine Energie darein verwenden, das Leben zu erhalten. Es ist die Angst, die mich dazu treibt.«

»Besser, einer läßt sich von seiner Angst vorwärtstreiben statt sich von ihr blockieren zu lassen, bis er schließlich an ihr erstickt«, sagte Laura, und es lag einige Schärfe in ihrer Stimme. Sie sah auf, und für ein paar Sekunden trafen sich ihr und Steffens Blick. Es waren Sekunden voller Kälte, in denen sie sich wieder einmal der unüberwindbaren Abgründe bewußt wurden, die sich in letzter Zeit zwischen ihnen aufgetan hatten.

Zum Nachtisch gab es Obsttörtchen und Mandelcremekuchen, Kaffee und verschiedene Liköre, und Madame Constant versuchte angestrengt, das Gespräch in eine unverfängliche Richtung zu lenken. Sie erzählte von der Vorliebe der Provenzalen für jede Art von Märkten. Es gab Wochenmärkte und Sonntagsmärkte, Gewürz-, Gemüse- oder Blumenmärkte, gemischte Märkte, Töpfer-, Kunsthandwerk- und Flohmärkte.

»Flohmärkte? Das interessiert mich!« sagte Laura.

»Dann fahren Sie am besten Dienstag, Donnerstag oder Samstag nach Aix-en-Provence«, riet Madame Constant. »Dort findet an diesen Tagen auf der *place de Verdun* ein verrücktes Treiben statt. Es handelt sich bei den ›Flöhen‹, die dort verkauft werden, allerdings in den meisten Fällen um Luxusflöhe der oberen Preisklasse – aber wenn Sie das nicht stört.«

Laura zuckte mit den Schultern. »Ich verstehe genug von Trödel, um mich nicht übervorteilen zu lassen, und es ist sicher eine angenehme Abwechslung für mich.«

»Morgen ist Samstag«, sagte Pascal, »und ich muß ohnehin nach Aix. Wenn Sie und Ihr Mann wollen, nehme ich Sie gerne mit.«

Laura sah Steffen an. »Wenn du für morgen nichts anderes geplant hast, könnten wir doch eigentlich mitfahren.«

»Ich wollte nach Châteauneuf-du-Pape, ein paar Flaschen Wein für unseren Vorrat kaufen. Aber da mußt du ja nicht unbedingt mitkommen.«

»Fein«, sie sah Pascal an, »dann nehme ich Ihr Angebot gerne an. Wann fahren Sie?«

»Ich hole Sie am besten gegen acht Uhr morgens hier ab. Zwar bin ich selbst erst am Nachmittag in Aix verabredet, aber wenn Sie Antikes oder Nippes kaufen wollen, dann dürfen Sie keinesfalls zu spät kommen.«

»Ich werde pünktlich fertig sein.« Laura lächelte.

»Sie entschuldigen mich.« Steffen stand auf, warf seine Serviette auf den Tisch, verneigte sich vor Madame Constant und verließ das Zimmer.

Rieke zögerte nicht lange und folgte ihm so auffällig unauffällig wie möglich, und Laura, die natürlich wußte, daß sich Rieke und Steffen keineswegs heimlich trafen, versuchte

Charly, der ihnen mit hochrotem Kopf nacheilen wollte, zurückzuhalten.

»Wenn du jetzt auch noch gehst, dann wird es hier bald richtig langweilig sein!« sagte sie.

»Ach, weißt du...«, Charly sah von ihr zu Pascal Lenoit, dann wieder zu ihr und sagte: »Ich glaube, du kannst ganz gut auf meine Gesellschaft verzichten!« Damit streifte er unwirsch ihre Hand von seinem Ärmel und verließ grußlos das Speisezimmer.

Er ging hinauf ins Zimmer, um nach Rieke zu sehen, aber sie war nicht da. Wütend schlug er die Tür hinter sich zu und lief wieder hinunter und hinaus. Dort fand er sie. Sie saß am Swimmingpool, hielt ein Glas von diesem süßen Zeugs in der Hand, das sie in letzter Zeit so gerne trank und starrte vor sich hin.

»Hier bist du also und wartest auf ihn!« schnauzte er sie an.

Rieke wandte den Kopf und sah Charly erstaunt an. »Auf wen soll ich warten? Ich warte auf niemanden, sitze einfach nur hier und genieße den schönen Abend.«

»Ach, spar dir deine Ausreden! Wie du dich diesem eingebildeten Fernsehfatzken an den Hals wirfst, ist ja wirklich ekelhaft!«

»Findest du?«

»Ja, finde ich.«

»Ich werfe mich ihm nicht an den Hals. Aber mit ihm kann ich wenigstens reden. Ganz im Gegensatz zu dir! Denn, mal vorausgesetzt, du bist überhaupt anwesend, dann kriegst du ja den ganzen Abend den Mund nicht auf. Kein Wort hast du übrig für mich. Also, dann suche ich mir eben andere Gesprächspartner.« Sie wandte sich ab und sah demonstrativ in die andere Richtung.

»Gesprächspartner, daß ich nicht lache!« fuhr Charly sie an. »Dafür, daß du nicht mehr mit ihm hast, als nur ab und zu mal ein paar Worte wechseln, seid ihr aber ganz schön intim miteinander.«

»Intim?« Rieke sah ihn kopfschüttelnd an, dann lachte sie

kurz und hart. »Intim! Himmel, wenn das für dich schon intim ist, was ist dann bitte das, was du mit all den Weibern tust, bei denen du den tollen Hecht spielst?«

»Ach, wird jetzt diese Platte wieder abgespielt!« zischte Charly.

»Nein, keine Angst«, versprach Rieke und stand auf. »*Ich* bin weit weg von einem Eifersuchtsdrama – nur du offensichtlich nicht. Aber ist ja auch klar, was Jupiter darf, darf der Ochse noch lange nicht!« Sie trank ihr Glas aus, stellte es hart auf den Tisch und ging zurück ins Haus.

8. Kapitel

Laura trug ein giftgrünes Kleid mit weitem Rock, dazu schwarze Schuhe, einen breiten schwarzen Ledergürtel und einen schwarzen Schal, den sie locker um die Schultern geschlagen hatte.

»Du siehst einfach zauberhaft aus«, begrüßte Pascal sie, als sie die Treppe herunter auf ihn zukam. Er hielt ihr die Wagentür auf, setzte sich dann hinters Steuer und fuhr in Richtung Cadenet davon.

Nach etwa zehn Kilometern bog er plötzlich nach links ab, fuhr einen steinigen Weg, der auf einen Hügel hinauf führte und stoppte vor einem alten Bauernhaus, das droben auf der Kuppe zwischen Wiesen und einem verwilderten Sonnenblumenfeld stand.

»Hier muß ich eine Patientin besuchen, aber es wird bestimmt nicht lange dauern.« Er nahm Lauras Hand und küßte sie. »Es ist schön, meine Arbeit zu tun und zu wissen, daß du da bist und auf mich wartest!«

Laura lächelte. »Aber wer weiß, vielleicht bin ich ja auch fortgegangen, wenn du wiederkommst.«

»Das würde ich kaum ertragen, das darfst du mir keinesfalls antun!«

»Na gut, ich verspreche zu warten.«

Pascal nahm seine Tasche und ging in das Haus. Ein wenig windschief stand es da, ein paar Hühner und eine Katze liefen im Hof herum, im Garten wuchsen Kräuter und frisch angesätes Gemüse, aber trotzdem wirkte das Anwesen verlassen.

Laura stieg aus und sah sich um. Ein seltsamer Zauber ging von diesem Haus aus. Es bestand aus drei Gebäuden, die aus Bruchsteinen gemauert waren. Wohnhaus und Scheune waren aneinandergebaut, schräg gegenüber, im Abstand von etwa zehn Metern, stand ein etwas niedrigeres Gebäude, dessen Fensterläden halb aus den Angeln hingen. Vielleicht ein ehemaliger Stall oder eine Kelterei, genau konnte Laura das von außen nicht erkennen. Rechts vom Eingang, etwa in der Mitte des Hofes, stand ein alter Brunnen, der von wilden rosafarbenen Rosen und weißblühender Zaunwinde umwuchert war, und hinter dem Haus wuchs ein riesiger uralter Baum, der seine Äste und Zweige wie schutzspendend über das rote Ziegeldach spreizte.

Laura ging um Haus und Scheune herum, um auf die andere Seite der Kuppe sehen zu können. Als sie dann hinter der Scheune stand, tat sich vor ihr ein weiter Blick über endlose Reihen blühenden Lavendels auf. Ein einziges tiefblaues Meer bis hinunter ins Tal, in dem ein kleiner Bach floß und auf dessen anderer Uferseite ein weiteres Lavendelmeer den gegenüberliegenden Hang überzog. Es war so schön, daß ihr der Atem stockte und sie gar nicht hörte, daß Pascal nach ihr rief.

Plötzlich stand er neben ihr, hauchte ihr einen Kuß auf die Schläfe, legte einen Arm um ihre Schultern und folgte ihrem Blick über das kleine Tal.

»Es muß das Paradies sein, es ist so schön hier, daß ich weinen möchte!« sagte Laura, und Pascal antwortete:

»Das trifft sich gut, daß es dir gefällt, denn falls du dieses Paradies kaufen möchtest, kann ich dir behilflich sein.«

Sie drehte sich zu ihm herum und sah ihn an. »Es steht zum Verkauf?«

»Noch nicht, aber in ein paar Tagen... die Alte, die ich eben besucht habe, Madame Dupont, hat eine Lungenentzündung. Sie ist fast neunzig Jahre alt und weigert sich, Medikamente zu nehmen. Sie hat mir bei meinem gestrigen Besuch erklärt, daß sie bereit sei zu sterben, daß ihr Herrgott auf sie warte und Alfons, ihr verstorbener Mann, ebenfalls. Sie sagte, ihr Platz sei jetzt wieder an seiner Seite, und von der Plackerei auf Erden hätte sie ohnehin längst genug. Und sie bat mich, als den einzigen Menschen, dem sie seit dem Tod ihres Mannes noch vertraut, nach ihrem Tode ihr Haus zu verkaufen und das Geld einem Waisenhaus zu stiften, denn sie selbst hat zu ihrem Bedauern keine Erben. Beide Söhne sind im Algerienkrieg geblieben, und Agnes, die Tochter, starb schon mit sieben Jahren an Hirnhautentzündung.«

Laura schien immer noch zu zweifeln. »Und du meinst wirklich, ich könnte es kaufen?« fragte sie.

Pascal nickte. »Aber natürlich, wenn ich es dir doch sage. Den Hof und die Lavendelfelder bis hinunter zum Bach. Und dort drüben das Weideland gehört auch dazu. Ich habe heute um 16 Uhr einen Termin bei einem befreundeten Notar, um Madame Duponts handgeschriebenes Testament beglaubigen zu lassen, das sie gestern in meiner und Louises Gegenwart verfaßte.«

»Wer ist Louise?«

»So etwas wie eine Gemeindeschwester. Sie bringt Madame Dupont das Essen, wäscht und versorgt sie. Wenn du also möchtest, kannst du mich zu diesem Notar begleiten und gleich ein Vorkaufsrecht eintragen lassen. Du wirst natürlich einen vernünftigen Preis für das Anwesen bezahlen müssen, das bin ich Madame Dupont schuldig.«

»Der Preis, weißt du, der Preis spielt keine Rolle. Aber... ich kann es nicht fassen, daß es möglich sein sollte...« Sie brach ab. »Ich will nichts überstürzen, ich werde es mir in Ruhe überlegen.«

»Du mußt dich allerdings bald entscheiden, denn Objekte wie dieses sind hier als Wochenendhaus oder Landwohnsitz heiß begehrt, und ich könnte einen Verkauf nicht ewig hinauszögern.«

»Ich werde dir in zwei oder drei Tagen Bescheid sagen. Genügt das?«

»Natürlich.«

Laura sah sich noch einmal um. Wenn sie ein Haus in dieser Gegend haben wollte, dann müßte es dieses sein, darüber bräuchte sie keine Minute länger nachzudenken. Aber wollte sie denn überhaupt ein Haus im Lubéron? Sie sah Pascal an und lächelte, und dann fühlte sie plötzlich seinen Kuß und vergaß alles andere.

Später, als sie nebeneinander im Auto saßen, das über den steinigen Weg zur Hauptstraße zurückholperte, legte sie ihre Hand in seinen Nacken, streichelte ihn und bat: »Erzähl mir etwas, irgend etwas über dein Land. Ich liebe es, dir zuzuhören, ich komme mir dabei zufrieden und geborgen wie ein Kind vor, das zu Hause sicher in seinem Bett liegt, aber mit seiner Fantasie auf gefährliche Abenteuerreisen geht.«

Pascal lächelte. »Du zeigst mir immer neue Seiten von dir. Zuerst dachte ich, du seist eine von den Schönen, Unnahbaren, die kaum aus der Reserve zu locken sind. Dann entdeckte ich den Vamp in dir, der aber leider die Notbremse zog, als es interessant zu werden versprach. Und jetzt weckst du in mir auf einmal ganz unvermutete Beschützerinstinkte!«

»Und welche von diesen drei Lauras ist dir am liebsten?«

»Ich liebe sie alle drei, und es wäre schade, wenn es nur noch eine von ihnen gäbe. Gerade die Vielfalt macht dich ja so interessant! Und wenn du nicht verheiratet wärst, ich hätte dich längst in meine Folterkammer gesperrt und dir eine Menge entzückender kleiner Schmerzensschreie entlockt.« Er nahm ihre Hand und küßte sie, und Laura schüttelte lächelnd den Kopf.

»Daß du so hingebungsvoll lügen und so atemberaubend drohen kannst, das ist sicher das Erbgut von deinem legendären Urgroßpapa«, sagte Laura. »Ich wollte übrigens ein wenig mehr über den Marquis de Sade erfahren, aber in den Büchern und Reiseführern, die ich mitgebracht habe, steht nur wenig über ihn. Daß er Herr auf La Coste und Saumane war, außerdem Statthalter der Provinzen Bresse, Bugey, Valmorey und Gex, Oberst der Kavallerie, und daß er nicht nur von einem alten provenzalischen Adelsgeschlecht abstammte, sondern mütterlicherseits sogar mit den Bourbonen verwandt war. Aber abgesehen von seiner Abstammung und seinen Ämtern, las ich, sei er ein ziemlicher Tunichtgut gewesen... und das nicht nur, was Frauen betrifft.«

»Du hast recht, der Marquis war zweifellos ein Tunichtgut und eine der schillerndsten Figuren seiner Zeit überhaupt, aber er war vermutlich nicht so schlecht wie sein Ruf. Bekannt wurde er zwar als Verfasser pornographischer Literatur, aber er war auch Politiker, und als solcher so unbequem wie als Schriftsteller. Denn er hat auf beiden Gebieten immer und immer wieder das geäußert, was andere im stillen Kämmerlein *heimlich* dachten oder taten. So fühlte man sich von ihm ertappt und durchschaut und empörte sich über ihn so lautstark man nur konnte, obwohl man doch nur wenig oder gar nicht besser war. Wußtest du übrigens, daß er im Paris der Revolution auf seiten der Reformer stand und nur durch Zufall der Guillotine entging?«

Laura schüttelte den Kopf.

»Aber so war es. Sein ganzes Leben lang floh er, oder er kam rechtmäßig frei und wurde dann doch wieder verhaftet. Von seinen vierundsiebzig Jahren verbrachte er dreißig in verschiedenen Gefängnissen, bis er schließlich in der Irrenanstalt von Charenton sein trauriges Ende fand. 1772 wurde er übrigens wegen Sodomie und einer Sache, die mit Gift zu tun hatte, in Aix in Abwesenheit zum Tode verurteilt. Da er aber mit der Schwester seiner Frau nach Italien geflohen war und man ihn nicht fassen konnte, wurde auf der *place des Prêcheurs* die Hinrichtung stellvertretend an einer Puppe vollzogen.

Heute findet auf diesem Platz ein Gemüsemarkt statt, werden Obst und Kräuter, Pilze und Knoblauch, eben all das, was die fruchtbaren Täler der Provence so hergeben, gehandelt. Sieht man das bunte Treiben, die Sonnenschirme, das Lachen der Menschen, die unbeschwerte Fröhlichkeit, die das Flaire dieses Marktes ausmacht, dann ist kaum zu glauben, daß dort einst Scheiterhaufen für Hexen, Aufständische und Jungfrauenverführer wie der Marquis brannten. Wenn du möchtest, werde ich dir später die Stelle zeigen.« Pascal sah sie an.

»Ach, weißt du, Scheiterhaufen, Guillotinen und andere

Grausamkeiten, die sich die Menschen unter dem Deckmäntelchen der Gerechtigkeit einfallen ließen, zählen nicht gerade zu meinen Lieblingsvorstellungen. Da würden mich schon eher die amourösen Ausschweifungen deines Urgroßpapas interessieren!« Laura lachte und sah Pascal sehr, sehr tief in die Augen. »Es heißt ja, daß ihm die Frauen, die er zu seinen ›schändlichen Zwecken mißbraucht‹ hat, trotz allem immer treu ergeben waren und ihn geradezu abgöttisch liebten, daß sie sogar miteinander auskamen, um ihm zu gefallen und seine Gunst nicht zu verlieren.«

»Ganz richtig. Da war zum Beispiel die Magd Gothon, die ihm auf La Coste den Haushalt führte und ihm genauso hörig war wie seine Ehefrau, da war die junge und schöne Köchin Justine, deretwegen es einen Riesenskandal auf La Coste gegeben hatte, und natürlich auch meine Urahnin, das junge hübsche Ding, das er geschwängert hat. Nicht zu vergessen natürlich die zahlreichen Frauen in Marseille und Paris und wer weiß wo noch überall, mit denen er sich vergnügte und denen er ihrerseits Vergnügen bereitete, da bin ich ganz sicher. Es muß schließlich einen Grund haben, daß sie ihm alle zu Füßen lagen.«

»Bestimmt«, sagte Laura und schmunzelte vieldeutig vor sich hin.

»Sag mal...« Pascal trat plötzlich in die Bremsen, lenkte den Wagen rechts ran, nahm Laura an den Schultern und fragte: »Was verbindet dich eigentlich mit diesem Mann, mit dem du verheiratet bist und der so wenig mit dir zu tun zu haben scheint wie eine Obstkiste mit einem Apfelbaum.«

»Erinnerungen«, antwortete Laura. »Fast fünfzehn Jahre Ehe, ein Versprechen, das ich ihm in anderen, in besseren Zeiten gab.«

»Und du warst ihm immer treu?«

»Ja, immer. Mal abgesehen von ein paar Flirts, die aber jedes Mal ein schnelles Ende fanden.«

»Hattest du moralische Gründe für deine Treue?«

»Nein, es war mir nur irgendwie zu gefährlich, denn ich bin mir nicht ganz sicher, ob ich maßhalten kann.«

»Was meinst du mit maßhalten?«

»Ein Flirt, eine Bettgeschichte, das ist ja alles schön und gut. Aber was ist, wenn man mit dem Feuer spielt und sich dabei doch einmal ernsthaft verliebt? Bisher war mir meine Ehe einfach wichtiger.«

»Bisher? Du sagst das, als wäre es jetzt anders.«

»Ja... nein! Ach, ich weiß nicht. Man wirft fast ein halbes Leben nicht so leicht über Bord.«

»Und darum schlägst du mir die Tür vor der Nase zu, wenn ich dich lieben möchte, obwohl ich dir doch offensichtlich nicht ganz unsympathisch bin?«

»Nicht obwohl, sondern weil du mir sehr sympathisch bist«, verbesserte Laura. Gerade jetzt, wo meine Ehe in einer tiefen Krise steckt, würde eine Bettgeschichte zwischen dir und mir das Aus für meine Ehe bedeuten, und ich bin mir noch nicht ganz sicher, ob ich das wirklich möchte.«

Als Laura sah, was für ein zweifelndes Gesicht Pascal zog, mußte sie lachen. »Siehst du, das kommt eben dabei raus, wenn die verschiedenen Lauras an verschiedenen Fäden ziehen: ein Vamp, der mit Vernunft leidenschaftlich ist, oder eine Abenteurerin, die auf Nummer Sicher geht. Ich war schon immer so. Schon als Mädchen ging ich auf die Barrikaden, ohne dabei allerdings meine Pflichten zu vergessen. Ich wetterte gegen das bestehende Schulsystem und machte nebenbei mein Abitur mit einem Notendurchschnitt von eins Komma zwei. Ich stand für die alten Naturreligionen ein und heiratete meiner Schwiegermutter zuliebe in der Kirche. Ich wollte Frauengeschichte studieren und wurde Zahnärztin, um die Praxis meines Vaters zu übernehmen. Ich habe immer mein Herz gefragt, was es tun will, und dann doch die Vernunft entscheiden lassen.«

»Dann wird es Zeit, daß du es endlich einmal andersherum tust. Ich kenne da ein hübsches kleines Hotel in Aix, und was ich dort mit dir vorhabe, würde dir ganz bestimmt gefallen.«

»Bestimmt.« Laura ließ sich küssen, aber als seine Hände auf Erkundungsreise gingen, zog sie doch wieder die Notbremse und erinnerte Pascal daran, daß er ein Testament in der Tasche hatte, welches er abliefern mußte, daß sie sich doch außerdem wenigstens zur Tarnung ein paar Flöhe einhandeln mußte, und daß der Tag im übrigen noch lange nicht zu Ende sei. Also startete Pascal seufzend den Wagen und folgte Lauras Vernunft.

Rieke hatte Steffen beim Frühstück gefragt, ob er sie mitnehmen würde nach Châteauneuf-du-Pape. So eine Weinprobe würde sie schon mal interessieren, und dann auch noch eine unter den ›Päpsten‹ des Weines sozusagen. Warum nicht? Er war einverstanden, und auch Charly reagierte nach Wunsch: wutschnaubend fuhr er weg, aber, wie Rieke zufrieden feststellte, nicht in Richtung Maries *mas*, sondern rüber zur Einhundert Richtung Apt oder Cavaillon.

Die Route, die Steffen wählte, um dem großen Touristenverkehr und den genervten Fernfahrern auszuweichen, führte über Nebenstraßen, durch Weinberge und vorbei an kleinen Dörfern, die so bekannte Namen trugen wie Gordes, Fontaine-de-Vaucluse, Saumane-de-Vaucluse oder Roussillon. Rieke hatte sie alle schon in ihrem Reiseführer entdeckt und bedauerte, so einfach an ihnen vorbeifahren zu müssen.

»Bei Roussillon«, sagte sie, »da soll es Ockerbrüche geben, bizarre Felsformationen in siebzehn farblichen Schattierungen von Hellgelb über Ocker bis hin zu Rotbraun und Violett. Es muß traumhaft sein, ein Paradies für Maler und Fotografen!«

Steffen nickte. »Wir waren da, Laura und ich. Vor drei Tagen. Es ist wirklich beeindruckend. Und den Mont Ventoux kann man bei klarem Wetter von dort so deutlich wie die Hand vor Augen sehen. Wußtest du, daß er in antiker Zeit zu den sieben heiligen Bergen der Welt gezählt wurde?«

»Ich habe es gelesen. Und ich habe auch von Gordes und seinem besonderen Charme gelesen und von all den Künstlern und Prominenten, die dort wohnen. Und das alles nur dreißig Kilometer von unserer Pension entfernt! Aber ich komme einfach nicht hin, weil ich entweder kein Auto habe oder auf der Suche nach meinem versumpften Mann bin! Es ist zum Heulen, wirklich!«

»Wenn du willst«, schlug Steffen vor, »essen wir auf dem Rückweg in Gordes.«

Und ob Rieke wollte. Sie lachte und drückte ihm dankbar einen Kuß auf die Wange.

»Wenn du so viel Lust hast, die Umgebung zu erkunden, Charly aber nicht mit dir fährt, warum nimmst du dir nicht einfach euren Wagen und ziehst alleine los?« fragte Steffen.

»O Himmel!« Rieke drehte die Augen zur Decke. »Wenn ich *seinen* Wagen nähme, dann würde er so viel Theater machen, daß mir die ganze Freude verdorben wäre. Glaubst du, ich finde das besonders angenehm, wenn er so laut herumbrüllt, daß alle es hören müssen? Es reicht schon, daß er bei Tisch den großen Muffel heraushängen läßt, kaum den Mund aufbringt und jeder Freundlichkeit, die ihm entgegengebracht wird, mit Ablehnung begegnet.«

Rieke schüttelte verzweifelt den Kopf, dann sah sie Steffen an. »Weißt du, ich verrate dir jetzt mal was. Vielleicht verstehst du es nicht, weil du das ja ohnehin täglich hast und also gar nicht vermißt, aber ich genieße es, in der *Au Bouquet Lavande* Gast zu sein, bedient zu werden, so herrlich zu essen, so angenehm zu plaudern, so nette und vornehme Leute um mich zu haben. Ich würde es noch viel schlimmer finden, wegen Charlys Wutausbrüchen von euch allen geschnitten zu werden, als Gordes nicht sehen zu können. Deshalb bescheide ich mich, bin schön still und nehme so viel wie ich irgendwie bekommen kann.«

»Und weshalb flirtest du dann mit mir? Ich meine, damit verärgerst du ihn doch nur unnötig.«

Rieke wurde rot. »Du hast es also doch gemerkt?«

»Natürlich, ich bin ja nicht blind. Mir ist nur noch nicht klar, welchem Zweck diese Übung dienen soll.«

»Nun ja...« Rieke überlegte, ob sie Steffen von Charlys Ausritt erzählen sollte, ließ es aber dann sein. »...manchmal geht dann halt doch der Gaul mit mir durch. Dann muß ich ihn einfach ärgern. Ist jedenfalls lieb von dir, daß du mitgespielt hast.« Sie versuchte sich an einem Lächeln.

»Mit wachsendem Unbehagen, muß ich dir gestehen, denn mit deinem Mann scheint mir nicht besonders gut Kirschen essen zu sein.«

»Nicht besonders gut, nein, da hast du recht. Humor hat er so gut wie keinen, und wenn er wütend ist, dann brüllt er und macht dich fertig, aber immer nur verbal. Zuschlagen würde er nie, auch seinen Sohn hat er nie richtig geschlagen. Nur ab und zu mal eine Ohrfeige, aber dann hatte er sie auch verdient.«

»Ich finde, kein Kind verdient es, geohrfeigt zu werden. Wer schlägt, hat unrecht!«

»Sagt einer, der selbst keine Kinder hat!« Rieke sah ihn an. »Weißt du, wenn ein Junge acht ist und heimlich seine erste Zigarette raucht, dann soll er es gefälligst hinter einem Busch tun, aber doch nicht ausgerechnet auf dem Heuboden, wo ein Funke genügt, und nicht nur er selbst verbrennt, sondern mit ihm auch noch zwanzig Pferde. Ich denke, da darf einem Vater schon mal die Hand ausrutschen, ohne daß er ein schlechtes Gewissen wegen eventueller psychischer Folgeschäden zu haben braucht.«

»Mit dir soll sich mal einer auskennen!« sagte Steffen und schüttelte den Kopf. »In einem Moment, da bist du fähig, deinen Mann wie eine fauchende Tigerin zwischen deinen Krallen zu zerfetzen, im nächsten verteidigst du ihn mit derselben Vehemenz. Das eine Mal könnte man glauben, daß du ihn aus tiefstem Herzen haßt, das nächste Mal scheint einem wieder, du liebst ihn noch immer.«

Rieke lachte. »Da hast du recht. Aber wie heißt es noch so schön bei Fritz Singer: zwei Dinge erfassest du nimmer und nie – die Frauen und die deutsche Orthographie!« Sie sah Steffen an und grinste. »Das hat unser Deutschlehrer immer so gerne zitiert. Er war an die Sechzig und bereits zum dritten Mal verheiratet, also wußte er schließlich, wovon er sprach.«

Sie wandte wieder den Blick, sah eine Weile hinaus auf die endlosen Felder blauen Lavendels und fuhr dann fort: »Aber was Charly betrifft... manchmal, da bin ich wirklich so wütend auf ihn, daß ich ihm meinen ganzen Frust vor den Latz knallen könnte, und in anderen Momenten tut es mir wieder unheimlich leid um unsere Beziehung. All die Jahre, die wir uns miteinander abgemüht haben, soll das denn wirklich ganz umsonst gewesen sein? Warum können wir nicht einfach noch mal von vorne anfangen, uns verzeihen, daß wir beide manchmal zum Kotzen sind und endlich miteinander leben?«

»Hast du es ihm schon einmal so deutlich vorgeschlagen?«

»Ach, Steffen, natürlich! Nicht nur einmal, hundertmal! Aber das bringt ihn nur noch mehr in Rage. Irgendwie fühlt er sich dann angegriffen. Ich weiß auch nicht, vielleicht ist ja auch wirklich alles verloren und unser Karren schon viel zu tief im Dreck, um ihn noch mal rauszuziehen.«

Sie erreichten das Rhônetal. Kein Lavendelblühen mehr, dafür Weinreben, unendlich viele Weinreben. Längs der Rhône, wie an einer Kette aufgereiht, Dörfer und Städte mit roten Dächern und in der Sonne glänzenden Fenstern, und alle hatten sich dem Wein und in den letzten Jahrzehnten auch dem Tourismus verschrieben. Wie sagte mal ein pfiffiger Gastwirt zu einem Weinbauern, der seinen Pastis bei ihm trank: ›Touristen zu kultivieren ist wesentlich lukrativer als Wein, das solltest du dir merken.‹

Dann bei Courthézon über die Brücke, und nur noch ein paar Kilometer bis zu dem kleinen Dörfchen mit dem großen Namen: *Châteauneuf-du-Pape.* Auf einem Hügel, der den Ort überragte, thronte die Ruine der Burg, die die Päpste im 14. Jahrhundert dort als Sommerresidenz errichten ließen, und unter ihr, wie hügelaufwärts an den Berg geplackt, die roten Dächer der Häuser des Dorfes.

Als sie in den Ort hineinfuhren, überfiel sie für ein paar

Momente der Eindruck dornröschenhafter Schläfrigkeit hinter einem Vorhang flirrender Vormittagshitze. Nur dort, wo große, weitausladende Bäume Schatten spendeten, spielte sich etwas Leben ab. Ein Hund, der bewegungslos neben einer Mauer lag und dem fremden Auto nur mit den Augen folgte, ein Kind, das in einem Brunnen planschte, ein Mann, der unter seinem Traktor lag, um ihn zu reparieren. Aber dann, ein paar Meter weiter, schon die ersten Gruppen von Touristen und überall Holztafeln und Plakate, die den Durchreisenden zum Anhalten aufforderten, um an einer Gratisweinprobe teilzunehmen. Der ganze Ort war auf Wein eingestellt, hier schien es nichts anderes mehr zu geben.

Zu Riekes Erstaunen fuhr Steffen an all diesen Schildern und Tafeln vorbei und ganz zielstrebig auf eine Cave zu, die etwas abseits hinter einer hohen Steinmauer lag.

»Warst du schon einmal hier?« fragte Rieke.

»Nein. Aber Madame Constant hat mir das hier empfohlen und den Weg erklärt. Außerdem hat sie mir auch noch ein paar andere hilfreiche Tips gegeben.« Steffen parkte den Wagen im Schatten eines großen Baumes, stieg aus und öffnete Rieke die Tür. »So habe ich zum Frühstück reichlich Weißbrot gegessen und einen Löffel Olivenöl geschluckt, um die Magenwände gegen die Attacken des Alkohols zu schützen«, erzählte er ihr. »Du siehst, ich bin bestens für unseren kleinen Ausflug gewappnet. Übrigens solltest du auch vorsorgen und Lauras Schal mitnehmen. Er liegt auf dem Rücksitz.«

Rieke sah ihn erstaunt an. »Wozu das denn?« fragte sie. »Bei dieser Hitze!«

»Solche Weinkeller sind im allgemeinen nicht nur kühl, sondern regelrecht kalt. Du wirst sehen!«

Rieke nahm den Schal und folgte Steffen in Richtung der riesigen Doppeltür, vor der sich bereits einige Weinkenner versammelt hatten und seltsam große, vasenähnliche Gläser in den Händen hielten, aus denen sie tranken.

»Ich dachte immer, bei Weinproben wird nicht getrunken,

sondern nur gespült und dann wieder ausgespuckt?« sagte Rieke.

»Aber doch nicht ein Châteauneuf-du-Pape! Das wäre ja geradezu eine Sünde.«

»Verstehe.«

Sie nickte, und im nächsten Moment zuckte sie zusammen, denn sie hatten die Caves betreten, und da war es, im Gegensatz zur Außentemperatur, tatsächlich empfindlich kühl.

Rieke legte sich den Schal um die nackten Schultern und versuchte angestrengt, ihre Augen an die Dunkelheit zu gewöhnen. Ganz langsam nahmen die schwarzen Flecken im Dunkel des Kellers Formen an und entpuppten sich als Weinfässer, die nebeneinander in Gängen auf tischhohen Rampen lagen und deren oberer Rand sich an die fünf Meter über den Boden erhob. Alles hier war so groß und beeindruckend, daß Rieke wie ein Kind staunte und gar nicht bemerkte, wie ein kleiner, schon etwas älterer Mann auf sie zukam, der sich als *maître de chai* vorstellte und fragte, was er für sie tun könne.

Steffen erklärte es ihm. Nicht die ganz jungen Weine interessierten ihn, er dächte da eher an die älteren Jahrgänge, reinrassig und blumig, bevorzugt Rotweine, aber vielleicht auch den einen oder anderen Weißen, da würde er sich gerne beraten lassen.

»Oui, Monsieur, kein Problem, da fangen wir am besten mit dem Hermitage '86 an.«

Der Mann verschwand, kam mit zwei von den riesigen Blumenvasen zurück, die als Gläser dienten und in denen sich mit Leichtigkeit ein Goldfisch hätte tummeln können. Dann holte er ein seltsames Gerät, ein etwa ein Meter langes Zapfventil mit einem Gummiball am anderen Ende, bestieg damit eine Leiter, die er an eines der Fässer gelehnt hatte, schlug den Spundzapfen heraus, führte das Zapfventil ein und entnahm eine großzügige Probe, die er mit äußerster Vorsicht herunterbalancierte und in beide Gläser verteilte. Und während er das tat, murmelte er voller Ehrfurcht eine Litanei des Namens, des Alters und des besonderen Bouquets dieses Weines. Dazu verwandte er Wörter, die Rieke allesamt an die Beschreibung einer besonders geliebten und begehrten Frau erinnerten, wie zum Beispiel: *rund, elegant, rassig und vollblütig, fleischig, wohlgeformt, sehnig oder zur edelsten Vollkommenheit ausgereift.*

Aber nicht nur über dieses Vokabular, die riesigen Gläser, die einem Gebet gleichkommende Zelebration der einzelnen Weine faszinierten Rieke, sondern auch Steffen, der sie scheinbar ganz vergessen hatte und sich zum ersten Mal, seit sie ihn kannte, mit ganzer Leidenschaft einer Sache hingab. Zuerst schaute er ins Glas, als suchte er darin eine besondere Erkenntnis, ein Geheimnis, dann hob er es hoch, schwenkte es einige Male behutsam und folgte mit seinem Blick den Spuren an der Innenwand, die je nach Stärke und Konsistenz des Weines in verschiedenen wellenförmigen Mustern hinabliefen. Dann roch er mit bebenden Nüstern die Blume, tiefes, konzentriertes Schnüffeln über dem Kelch, ein letztes Mal Schwenken, und der erste, alles offenbarende Schluck folgte.

Aber noch immer durfte der Wein noch nicht die Kehle hinunterrinnen, sondern wurde zuerst einmal nachdenklich gekaut, dezent gespült, wieder gekaut und dann endlich der große Moment. Langsam, genüßlich, einer Vermählung gleichkommend nahm er seinen Weg in den Magen. Ein anerkennendes Nicken Steffens, ein zufriedenes Schürzen seiner Lippen folgte, und der *maître de chai* schritt den Gang weiter bis zum übernächsten Faß.

Auch Rieke nahm von jedem Wein, den der *maître* anzapfte, einen Schluck, versuchte dabei, eine Kennermiene zu machen, nickte beeindruckt, mußte sich aber im stillen eingestehen, daß sie nach einigen Proben kaum noch einen Unterschied feststellen konnte, mal abgesehen davon, daß alle Weine besonders gut waren und daß, je weiter sie in die dunkle Tiefe des Kellers eindrangen, auch die Weine immer schwerer und dunkler wurden.

Irgendwann gab Rieke dann auf. Eine Bitte um Entschuldigung murmelnd schüttelte sie den Kopf, als der alte Mann sein Zapfventil über ihr Glas halten wollte. Sie hatte nämlich zum Frühstück weder ausreichend Weißbrot noch einen Löffel Olivenöl zu sich genommen und fühlte langsam, wie ihr zwei Drittel ihres Gesamtgewichtes in die Beine sackten.

Sie waren fast zwei Stunden in den Caves gewesen, als Steffen sich endlich imstande sah, zu entscheiden und seine Bestellung aufzugeben. Dann wurden von einem jungen Mann vier Kisten zu je zwölf Flaschen in Steffens Kofferraum geladen, und eine einzelne Flasche, in einem Karton mit Holzwolle verpackt, obendrauf.

»Warum davon nur eine?« fragte Rieke, und Steffen lächelte geheimnisvoll.

Später, im Wagen, erklärte er ihr dann: »Das ist nicht einfach nur ein besonders guter Wein, das ist ein Tropfen für den lieben Gott höchst persönlich.«

»Das bedeutet, du kannst ihn nicht trinken, das wäre doch schließlich gotteslästerlich!« versuchte Rieke einen Scherz zu machen, aber Steffen nickte und ging ganz ernst darauf ein.

»Richtig. Ich werde ihn auch nicht trinken, es reicht, wenn ich ihn besitze und mir ab und zu die Flasche ansehen kann, um mir vorzustellen, ich würde davon kosten.«

»Du meinst, die Vorstellung von Geschmack und Genuß reicht dir?«

»Ja«, gab Steffen zu, und Rieke sah ihn unter zusammengezogenen Augenbrauen verständnislos an. Für sie war der Gedanke, einen Wein auf ewig in eine Flasche einzusperren, statt ihn zu trinken und sich auf diesem Wege ganz lebensnah an ihm zu erfreuen, einfach unvorstellbar.

Und plötzlich ahnte sie, wovon Laura in den letzten Tagen gesprochen hatte. Ein ungelebtes Leben, eine ungetrunkene Flasche Wein – beides hinter Glas, sicher und keimfrei, nur zum Ansehen, nicht zum Benutzen gedacht.

Nein, das war wirklich kein Leben für eine Frau wie Laura,

und Rieke empfand es auf einmal als Wunder, daß sie es trotzdem fünfzehn Jahre mit Steffen ausgehalten hatte.

»Worüber denkst du nach?« fragte Steffen.

»Ach, an dies und das... nichts Besonderes«, log sie und sah hinaus auf die Landstraße, die an ihnen vorbeizog.

9. Kapitel

Am Vormittag war das junge Hochzeitspaar sang- und klanglos abgereist. In den letzten Tagen waren ihre Gefühle füreinander sichtlich abgekühlt, und sie hatten sogar regelmäßig an den gemeinsamen Mahlzeiten teilgenommen. Vorbei war der Honeymoon, und die Wolken am Himmel ihrer Ehe standen bereits für den Alltag Schlange.

Dann, gegen Mittag, trafen die neuen Gäste ein. Frau Dietberg und ihre Tochter Judith, ein fünfzehnjähriges, völlig verschüchtertes Mädchen, das unter der Fuchtel ihrer Mutter stand. Frau Dietberg – Elisabeth Dietberg, wie sie sich jedem mit Händedruck vorstellte – wirkte so kalt und unnahbar, daß Theo de Burger, der mit Rieke am Swimmingpool saß und ein Glas eisgekühlte Pfefferminzlimonade trank, beeindruckt flüsterte: »Himmel, bei der muß sich ja sogar noch ein Kühlschrank einen Schnupfen holen!«

Rieke lachte, aber gleichzeitig stiegen unangenehme Erinnerungen und ein bleiernes Unbehagen in ihr auf, denn diese Frau erinnerte sie in vielerlei Hinsicht an ihre eigene Mutter. Da war das fahle, aschblonde Haar, dünn und strähnig, im Nacken zusammengebunden. Da war die ausgemergelte Figur und die blütenweiße Bluse im engen Rock, den ihre Mutter sonntags unter ihrer ewigen Kittelschürze trug, und da waren vor allem der eisige Blick und der harte, vergrämte Gesichtsausdruck mit den beiden tiefen Furchen, die sich halbmondförmig von den Nasenflügeln bis zum Kinn hinunterzogen.

»Was ist?« fragte Theo de Burger, als er Riekes dumpfen Gesichtsausdruck bemerkte.

»Ach, nichts«, antwortete sie und schüttelte sich, als ob sie damit die unangenehme Erinnerung von sich abstreifen könnte. Dann wandte sie sich Theo plötzlich zu und sagte:

»Da fällt mir ein, ich wollte dich um einen großen Gefallen bitten.«

»Nur zu.«

»Ich müßte dringend nach Les Baux, aber Charly ist mit dem Wagen weg. Fährst du mich hin? Heute abend feiern Laura und ich doch unseren Geburtstag, und ich möchte ihr gerne etwas schenken.«

»Etwas, das du nur in Les Baux bekommst?«

»Etwas, das ich – wenn überhaupt – vielleicht dort bekommen kann. Ich habe Madame Constant gefragt, und sie hat mir diesen Tip gegeben.«

»Also gut, ich fahre dich hin. Soll es jetzt gleich sein?«

Rieke nickte, und Theo machte sich auf die Suche nach Karen, um ihr Bescheid zu sagen.

»Warst du schon einmal in Les Baux?« fragte Theo, als sie auf der 100 Richtung Cavaillon fuhren.

»Nein, aber es muß sehr interessant dort sein.«

»Les Baux war im Mittelalter Zentrum höfischer Troubadourdichtung«, erzählte Theo, »aber neben der Kunst des Dichtens und der Verehrung der reinen Liebe scheinen die Herren von Les Baux auch für ihre Brutalität bekannt gewesen zu sein. Zu ihrem puren Vergnügen ließen sie in benachbarten Dörfern Gefangene machen, die dann über die steilen Felsen in die Tiefe springen mußten. An diese menschenverachtende Perversion muß ich immer denken, wenn ich die bizarren Felsen von Les Baux sehe, die mich in ihrer Struktur an tausendfach vergrößerte Schwämme erinnern.«

Als sie später in Les Baux ankamen, hatte Rieke noch eine andere Assoziation zu den Felsen. »Es konnten ebensogut versteinerte Fetzen überdimensionaler Gehirne sein, die hier überall herumliegen«, meinte sie. »Vielleicht von einer menschlichen Riesenrasse aus prähistorischer Zeit? Oder von Dinosauriern, aber die hatten, soweit ich weiß, nur ein ganz kleines Hirn.«

Theo stellte den Wagen ab und stieg aus. »Du hast eine ziemlich, wie nennt man das noch in Deutsch... eine rege

Fantasie!« Er deutete hinauf zur *Cité Morte*, die am oberen Ende des Ortes lag und sagte: »Man nennt die Zitadelle übrigens *Tote Stadt*, sie ist neben den vielen interessanten Museen, die es hier gibt und der außergewöhnlichen Sammlung mittelalterlicher Bücher, Stiche und Drucke, Hauptattraktion von Les Baux. Und jetzt würde mich eigentlich nur noch interessieren, warum du ausgerechnet hier für Laura etwas zu finden hoffst.«

Rieke lächelte. »Eben, wegen der vielen Museen und Ausstellungen, der mittelalterlichen Drucke und der Bildhauer, die in der Umgebung ansässig sind.« Sie hakte sich bei Theo unter und zog ihn lächelnd mit sich fort.

Natürlich war Madame Constant einverstanden, auch Dr. Lenoit zum Geburtstagsessen von Laura und Rieke einzuladen. Nachdem Laura darum gebeten hatte, rief sie ihn persönlich an, und Pascal versprach zu kommen, sobald er seinen letzten Hausbesuch hinter sich gebracht hatte. Das konnte um 19 Uhr sein, konnte sich aber auch bis 21 Uhr hinauszögern.

Als er dann um 19 Uhr 30 eintraf, begrüßte er Laura und Rieke mit Küssen, je einem Strauß bunter Sommerblumen und den besten Wünschen und erzählte, daß er eben von Madame Dupont komme, die vor einer Stunde in seinen Armen gestorben sei.

Elisabeth Dietberg, die mit ihrer Tochter Judith am Fenster saß, sah ihn kühl an, ihre Stimme wirkte empört, als sie sagte: »Und da kommen Sie hierher, um zu trinken und zu feiern!«

Pascal hob lächelnd sein Glas und antwortete: »Mehr noch, ich trinke auf Madame Dupont, und ich freue mich für sie, denn sie ging gerne von dieser Welt, die alte Dame. Sie war so glücklich wie schon lange nicht mehr. Im Jenseits, wissen Sie, da wartet nämlich nicht nur ihr Gott auf sie, sondern auch Alfons, ihr Mann. Sie sagte: ›Es wird Zeit, daß ich ihn wiedersehe, den alten Tunichtgut, denn ohne mich ist er doch verloren, sogar im Himmel!‹ Und als ich ihr zum Schluß die Hände faltete, da sah sie aus wie achtzehn – ein glückliches Lächeln auf dem Gesicht, und voller freudiger Erwartung. Wissen Sie, gnädige Frau, es gibt viele Tode, die wir Menschen in unserem Leben sterben, da ist der letzte nicht unbedingt der schlechteste.« Pascal hob sein Glas und sah von Elisabeth Dietberg zu Laura. »In diesem Sinne trinke ich auf Madame Dupont, und ich wünsche ihr ein freudiges Wiedersehen mit ihrem Alfons und ihren drei Kindern.«

Auch Laura hob ihr Glas und dachte dabei: »Dann ist es also soweit, ich muß mich entscheiden, ob ich das Haus kaufen will oder nicht.«

»Ach, übrigens ...« Rieke kam auf sie zu, zog die Hand, die sie hinterm Rücken versteckt hielt, hervor und reichte Laura ein in buntes Geschenkpapier gewickeltes Päckchen. »Ich habe ein Geburtstagsgeschenk für dich.«

Laura sah sie überrascht an, bedankte sich und öffnete es.

»Vorsicht«, sagte Rieke, »wenn es fällt, könnte es kaputtgehen.«

Laura zog das Papier ab und hielt eine kleine weibliche Figur in Händen, die nackt, dickleibig und selbstzufrieden in die Welt blickte. »Eine Venus!« Lauras Augen leuchteten, dann umarmte sie Rieke und fragte: »Wo hast du die denn aufgetrieben, so was gibt es doch sicher nicht an jeder Straßenecke?«

Rieke streifte Theo mit einem Lächeln und antwortete: »In Les Baux. Es ist ein Duplikat, man kann es in einem der Museen kaufen. Das heißt, man konnte. Es war das letzte Exemplar und schon ziemlich verstaubt. Ich hatte den Eindruck, daß die Dame an der Kasse froh war, die alte Ladenhüterin loszuwerden.«

Laura nickte. »Sie wird einen Platz auf meinem Kamin bekommen«, versprach sie, »ganz vorne, den besten, und sie wird nie wieder ungeliebt verstauben!«

»Du hast doch gar keinen Kamin«, erinnerte Steffen sie geflissentlich.

Laura sah ihn wie aus weiter Ferne an, sagte: »Aber ich

habe eben beschlossen, einen zu bekommen.« Dann wandte sie sich wieder an Rieke. »Ich habe auch ein Geschenk für dich. Es sitzt schon bei Tisch und wartet.« Sie lächelte geheimnisvoll.

»Da bin ich aber neugierig!« Rieke wollte gleich los, doch Theo hielt sie zurück.

»Da mußt du noch ein bißchen Geduld haben, denn Karen und ich haben auch etwas für euch vorbereitet, und das kommt noch vor dem Essen dran!«

Karen rief nach Michelle, die mit einem Tablett erschien, auf dem Sektkelche, gefüllt mit einer sprudelnden apricotfarbenen Flüssigkeit, standen.

»Weil wir hörten, daß Rieke so gerne Aprikosenlikör trinkt und Laura Champagner liebt, dachten wir, warum nicht mal beides mischen und sehen, was daraus wird.«

»Und es schmeckt tatsächlich, fantastisch sogar!« sagte Theo.

Michelle ging mit dem Tablett von Gast zu Gast, damit jeder sich nehmen konnte, während Theo fortfuhr: »Aber dieses Gläschen ist nicht nur dazu gedacht, auf euer Wohl anzustoßen, sondern soll auch Wegzehrung sein für die nächste Viertelstunde, in der ich euch eine Geschichte vorlesen werde, die sich Karen und ich ausgedacht haben und die euer Geburtstagsgeschenk sein soll. Nicht daß wir so ausgesprochen gut im Geschichtenausdenken sind, aber es ist ein Brauch in unserem Freundes- und Familienkreis, den wir liebenswert finden und immer gerne beibehalten haben.«

Theo ließ den Blick in weite Ferne schweifen, so, als müßte er nachdenken, wie er mit seiner Rede fortfahren wollte, dann sagte er: »Wir alle wissen ja nun inzwischen, daß ihr euch als Kinder gut gekannt, dann als junge Frauen aus den Augen verloren und schließlich hier ganz zufällig wiedergetroffen habt. Das ist doch immerhin ein Ding und hat schicksalhafte Bedeutung! Also überlegten Karen und ich uns eine Geschichte, die ebenfalls etwas mit ›Schicksal‹ zu tun hat, wenn auch in anderem Zusammenhang. Wir haben damit nichts Bestimmtes beabsichtigt, sondern uns einfach nur von unserer Intuition und Fantasie leiten lassen. Also, liebe Gäste!« Theo hielt sein Glas hoch. »Trinken wir zuerst einmal auf unsere beiden Geburtstagskinder, zwei wunderschöne Frauen, die heute neununddreißig und vierzig Jahre alt werden, und für die damit, wie es heißt, das Leben erst so richtig beginnt.«

Sie stießen an und tranken auf Laura und Rieke und ließen sie hochleben. Dann suchten sich alle einen Sitzplatz, machten es sich bequem und Theo fing an zu lesen.

»Es war einmal ein kleiner Felsenadler, vor wenigen Tagen erst ausgeschlüpft, der fiel aus dem Nest. Das hätte nun seinen sicheren Tod bedeutet, wenn sich das Nest nicht zufällig an einem Steilhang neben einem Bergsee befunden hätte und der Kleine nicht zufällig genau vor die Füße einer Blaufußente gefallen wäre, die, wiederum zufällig, gerade drei ihrer fünf Jungen verloren hatte. So watschelte sie von Tränen durchnäßten Auges und bleischweren Herzens Richtung See, als es plötzlich rumste und vor ihr ein süßes, weißes, watteweiches Etwas auf den Boden fiel, das recht jämmerlich nach Hilfe piepste.

›Ja, wer bist du denn?‹ fragte die Blaufußente und wischte sich mit dem Flügel die Tränen aus den Augen, und das Kleine antwortete: ›Meine Ma und mein Pa nennen mich Oskar.‹

›Und wo wohnen deine Eltern?‹

›Ganz dort droben! Ich bin aus dem Nest gefallen, als gerade keiner zu Hause war. Kannst du mich nicht bitte, bitte wieder hinauffliegen?‹

›Dich wieder hinauffliegen? Aber hör mal, das ist unmöglich! Erstens kann ich nicht so gut fliegen, und zweitens, wenn mich deine Eltern dabei erwischen, bin ich des Todes, denn für die bin ich doch eine prima Beute!‹

›Ach was, die mögen dich ganz bestimmt nicht fressen‹, beteuerte Oskar, der kleine Felsenadler, ›denn meine Eltern brachten mir immer nur totes Fleisch von ihren Beuteflügen mit, und du lebst doch noch!‹

›Hast du eine Ahnung‹, sagte die Blaufußente und seufzte, und dann schüttelte sie entschieden den Kopf. ›Ich kann dich unmöglich zurückfliegen. Aber wenn du willst...‹, sie zögerte und sah ihre beiden verbliebenen Kinder an, ›...wenn du willst, dann kannst du mit zu uns nach Hause kommen, und ich werde dir eine liebevolle und fürsorgliche Mutter sein.‹

Das hätte sie besser nicht gesagt, denn der kleine Felsenadler fraß so viele Würmer und Fische, daß die arme Blaufußente keine freie Minute mehr hatte. Bald hing ihr das Gefieder ungepflegt vom Körper, war sie vor Müdigkeit und Erschöpfung ganz schlapp, und zudem wuchs Oskar auch noch so schnell, daß das Nest für sie alle schon in wenigen Tagen zu klein war und sie ihm nebenan ein neues ganz für ihn alleine bauen mußte.

Die anderen Blaufußenten beobachteten das alles mit sehr viel Skepsis und beriefen schließlich eine Krisensitzung ein.

›Dieser Oskar ist ein Felsenadler und somit eine Gefahr für uns alle‹, sagte ein alter, verknöcherter Erpel. ›Wenn er erst erwachsen ist, frißt er uns auf!‹

Aber einer von den jüngeren meinte: ›Ich könnte mir vorstellen, daß es gar nicht so schlecht ist, einen Felsenadler in der Familie zu haben, denn wenn uns andere aus seiner Sippe angreifen, dann greift er vielleicht ein und vertreibt die Feinde. Schließlich ist er bei uns aufgewachsen, und sogar ein Felsenadler kennt so etwas wie Dankbarkeit und Treue.‹

Das hörte sich an sich vernünftig an, und so wurde abgestimmt und mit knapper Mehrheit beschlossen, daß Oskar bleiben durfte.

Oskar wuchs heran und versuchte nach bestem Wissen und Gewissen eine Blaufußente zu werden. Aber wie sehr er sich auch abmühte, er lernte einfach nicht zu schwimmen und zu tauchen schon gleich gar nicht. Um ehrlich zu sein, er haßte das Wasser sogar, und die Weite des Himmels dort droben über ihm zog ihn viel mehr an. Aber er wollte seiner lieben Mutter keine Schande machen, also mühte er sich weiterhin mit dem Schwimmen ab.

Eines Tages kreiste weit über ihm ein anderer Felsenadler, der vielleicht sogar sein leiblicher Vater war, und beobachtete Oskars Tun mit Entsetzen. Zuerst dachte er, er wäre einer Sinnestäuschung erlegen, aber sooft er sich auch mit seinem gekrümmten Schnabel in die Brust pickte, um aus diesem bösen Traum zu erwachen, es half nichts. Er sah, was er sah: Dieser junge Felsenadler dort drunten versuchte doch tatsächlich zu schwimmen.

Und während sich der dort droben noch kopfschüttelnd wunderte, gab Oskar seine Schwimmübungen für dieses Mal auf. Ach, es hatte ja doch keinen Sinn, und außerdem war er schrecklich müde. Er flog auf einen Felsenvorsprung, der drei oder vier Meter über dem Boden war – höher hinauf durfte er nicht, das hatte ihm seine Mutter, die alte Blaufußente, verboten, weil sie es für viel zu gefährlich hielt – und ruhte sich von der fruchtlosen Plackerei aus.

Da landete plötzlich einer neben ihm, der ein braungraues Gefieder, einen rundgebogenen spitzen Schnabel hatte und auch ansonsten ziemlich gefährlich aussah.

›Hey du‹, pfiff der ihn an, ›was glaubst du eigentlich, was du bist? Eine verdammte Blaufußente vielleicht, oder was?‹

›Natürlich bin ich eine Blaufußente‹, antwortete Oskar und deutete zum Beweis mit einem Flügel nach unten. ›Dort schwimmt meine Mutter mit meinen beiden Geschwistern auf dem See, siehst du.‹

Der Felsenadler schnappte nach Luft. ›Himmel‹, schimpfte er los, ›du bist keine Blaufußente, du bist ein Felsenadler – ein ziemlich blöder zwar, aber immerhin! Und es ist eine Schande für unser ganzes Geschlecht, wie du dich hier aufführst! Lernt schwimmen wie eine verdammte Blaufußente!‹ Der Vogel war richtig wütend, und es sah furchterregend aus, wie er da so krächzte und wild mit den Flügeln um sich schlug.

›Ach, was weißt du denn schon‹, sagte Oskar und seufzte

aus tiefstem Herzen. ›Ich bin im Nest einer Blaufußente aufgewachsen, und ich weiß genau, daß eine Blaufußente niemals einen Felsenadler legen kann. Das geht einfach nicht. Also *muß* ich eine Blaufußente sein. Außerdem werde ich nächste Woche heiraten. Die schönste Blaufußente vom ganzen See. Das heißt... natürlich nur, wenn ich bis dahin schwimmen kann.‹

›O nein!‹ rief da der Felsenadler, schüttelte mehrmals seinen Kopf und flog davon. Diesem Trottel war ja eh nicht mehr zu helfen, der gehörte in die Klapsmühle und zwar auf der Stelle.

Aber der Floh, den der Felsenadler dem armen Oskar ins Ohr gesetzt hatte, tat seine Wirkung. Nach dem Abendgebet, das die alte Blaufußente sprach, fragte Oskar:

›Du sag mal, Mama, bin ich nun wirklich eine Blaufußente oder bin ich vielleicht doch ein Felsenadler?‹

›Wie kommst du denn darauf, Junge?‹ schluchzte sie, ›es ist ja alles so schrecklich.‹ Und dann erzählte sie ihm, wie er damals vor ihre Füße gefallen war und sie ihn adoptiert und unter allergrößten Mühen großgezogen hatte.

Oskar war gerührt und nahm die Blaufußente in die Schwingen. Die brave Mutter hatte ihm das Leben gerettet, hatte ihm ein extragroßes Nest gebaut und sich für ihn ein Leben lang abgeplagt. Und dafür war er ihr von Herzen dankbar. Und weil er ihr so dankbar war, versuchte er es gleich am nächsten Morgen wieder mit dem Schwimmen. Er würde es, er *mußte* es einfach schaffen!

Oskar lernte es tatsächlich. Er wurde ein leidlicher Schwimmer, aber Tauchen konnte er nie. Er hat auch die schönste Blaufußente vom ganzen See geheiratet, obwohl ihr Vater dagegen war, daß ausgerechnet seine Tochter, die schönste Blaufußente vom See, mit so was von einem Versager vermählt werden sollte, aber weil die Kleine damit gedroht hatte, sich zu ertränken, willigte er schließlich in diese unglückselige Verbindung ein.

Die Ehe blieb kinderlos und Oskar ein trauriger Vogel. Am

traurigsten war er immer dann, wenn er hoch über sich einen Felsenadler kreisen sah und ihn im stillen darum beneidete, während er selbst lustlos und unbeholfen auf dem Wasser herumpaddelte.

Im siebzehnten Jahr seines Lebens – das entspricht ungefähr dem vierzigsten Menschenjahr – verschwand Oskar dann plötzlich und ward nie mehr gesehen. Ob er gestorben war oder einfach nur durchgebrannt, um endlich sein wahres Ich zu leben, wußte man nicht. Er wurde zwar einige Tage lang gesucht, aber niemals gefunden.

Wochen später kreiste einmal ein Vogel von Oskars Statur am Himmel. Er zog gewagte Achten, flog einige Loopings und einmal sogar so gut wie auf dem Rücken, und dabei kreischte er vor Vergnügen. Oskars Frau, die zur selben Zeit auf dem See schwamm, glaubte, in dem Kreischen seine Stimme erkannt zu haben, aber beweisen ließ sich das natürlich nie.

Auch wenn wir nicht wissen, welches Ende Oskars Geschichte fand, so hoffen wir doch für ihn, es war das bestmögliche Ende für einen Vogel, der so verzweifelt schwimmen lernte, obwohl er doch zum Fliegen gemacht war.«

Theo ließ das Blatt in seiner Hand sinken und sah die beiden Frauen an. »Das war sie also, unsere Geburtstagsgeschichte für euch, und Karen und ich hoffen, daß sie euch gefallen hat.«

Rieke und Laura standen auf und umarmten Karen und Theo; die anderen klatschten Beifall.

»Und ihr habt diese Geschichte wirklich selbst geschrieben?«

»Natürlich. Der erste Satz war von Karen, der zweite von mir, und dann haben wir den Faden immer so weitergesponnen.«

»Und die Erfahrung in unserem Freundes- und Familienkreis hat uns gezeigt, daß solche Geburtstagsgeschichten, egal, ob wir sie nun zu zweit oder zu zehnt schreiben, immer auch etwas mit dem Leben desjenigen zu tun haben, für den sie erdacht wurden.«

»Aus diesem Grunde«, Theo zog zwei Umschläge aus seinem Jackett, »haben wir sie für euch beide kopiert, damit ihr sie mit nach Hause nehmen und vielleicht noch einmal nachlesen könnt.«

Madame Constant kam herbei, hakte sich bei den beiden Frauen unter und schob sie zur Tür: »So, und nun laßt uns zu Tisch gehen, denn Michelle und Paul haben bereits angerichtet.«

Die Gäste folgten Madame Constant und stießen beeindruckt Ahs und Ohs aus, als sie die vielen Schüsselchen mit dem *hors d'œuvre* sahen. Da gab es Teigplätzchen, die mit Sardellen, Olivenpaste, Pilzen oder zerlaufenem Käse belegt waren. Es gab winzige Zwiebelchen in einer Marinade von Tomatensoße, aufgeschlitzte Radieschen mit einer dünnen Scheibe gesalzener Butter dazwischen, mindestens sechs verschiedene Pasteten, getoastetes Stangenweißbrot, das von Tapenade glänzte, in Kräuter und Oliven eingelegten Knoblauch, winzige Würstchen, Cornichons, Zwiebelkonfitüre, und dann brachte Michelle auch noch Saucissons mit Pfefferkörnern, Wachteleier und Scheiben frischer Melone. Es war das reinste Schlaraffenland, und deutsche Mägen, die solch einen Ansturm nicht gewöhnt waren, machte schon alleine der Anblick schwach.

Und dann sah Rieke den Alligator. Er war ausgestopft und etwa einen halben Meter lang, und saß auf einer aufwendig verpackten Bonbonniere auf ihrem Stuhl. In seinem Maul war ein Zettel, den Rieke nahm und las:

Weißt du noch, damals der Zirkus! Du hattest die Artistin mit den Alligatoren gesehen und wolltest danach unbedingt auch zum Zirkus.

Rieke lachte. Ja, sie wußte noch, natürlich! Es schien ihr damals mit dreizehn Jahren das Abenteuer schlechthin zu sein, und außerdem hatte sie im geheimen die Vorstellung, solch einem Alligator könnte man schön klein portioniert und stückchenweise alle Leichen füttern, die man so im Keller hatte. Ungeliebte Lehrer oder den Typ aus der 8a, der sie auf dem Schulweg immer abpaßte, manchmal sogar die Eltern und Geschwister...

»Ich habe ihn auf dem Flohmarkt in Aix entdeckt, angeblich hat ihn 1920 ein Seemann für seine Geliebte aus Afrika mitgebracht. Der Seemann ist wieder gefahren, aber nie mehr zurückgekommen. Der Alligator und der Sohn, den die Geliebte dann bekam, blieben die einzigen Andenken an ihn. Der Alte, der mir das Ungetüm verkaufte, behauptete, der Seemann sei sein Großvater gewesen.«

Rieke nahm die Bonbonniere in die Hand. »Kandierte Früchte!« Sie lachte. »Die hast du mir oft mitgebracht, wenn du zu Besuch bei deinem Vater in Köln warst, und damit sie mir meine Geschwister nicht wegessen, hast du sie bei dir zu Hause aufbewahrt und jeden Tag drei Stück für mich mit in die Schule genommen.« Sie umarmte Laura und drückte sie fest an sich, und für den Moment war zwischen ihnen alles so wie früher. »Dank dir, du!« Sie ließ Laura los und sah von einem zum anderen. Sie grinsten alle, und Rieke grinste zurück und sagte: »Ich merke schon, es gefällt mir, vierzig zu werden – und jetzt laßt uns endlich diese köstlichen Speisen vertilgen!«

»Wie geht es Ihrer Schulter?« fragte Pascal, als Steffen schräg gegenüber Platz genommen hatte.

»Danke, es geht so. Nachts, beim Schlafen, fühle ich es noch.«

Pascal nickte. »Und wie geht es Ihnen, Monsieur?« Er sah Charly an.

»Ich vertreibe mir die Zeit. Ich bin oft in Apt, manchmal miete ich mir auch ein Pferd und reite durch die Gegend, so vergehen die Tage.«

»Wenn Sie so oft in Apt sind, warum besuchen Sie mich nicht einmal?«

»Was soll ich in einer Praxis? Da ist mir die Kneipe schon lieber. Dort kann ich sitzen und die Leute beobachten, das gefällt mir. Von gesellschaftlichen Verpflichtungen und vom Reden halte ich nicht so viel.«

Pascal lachte. »Das hört sich an, als hätten Sie provenzalische Vorfahren. Hier gibt es eine tiefe Abneigung gegen alles, was nach Verpflichtung, Terminen und Hektik aussieht. Einfach nur im Bistrot sitzen oder auf dem Bouleplatz eine Runde *Petanque* spielen, einen Pastis oder ein Gläschen Rosé trinken, dabei vielleicht mal ein paar Worte wechseln, das ist das wahre Glück. Als ich einundzwanzig Jahre alt war, trampte ich mit einem Freund durch Deutschland und die Schweiz, und wir stellten fest, daß dort die Leute so oft das kleine Glück versäumen, weil sie vergeblich auf das große warten.«

Charly zuckte mit den Schultern. »Mir geht es in Deutschland gut, und auf das große Glück warte ich ohnehin schon lange nicht mehr.«

Rieke warf ihm einen gekränkten Blick zu, worauf Charly schnell wegsah.

»Was ist das, *Petanque spielen?*« fragte Judith Dietberg, worauf ihre Mutter sie anfuhr: »Man mischt sich nicht in fremde Gespräche ein!«

»Da muß ich Sie berichtigen«, sagte Madame Constant freundlich wie immer, »an Gesprächen, die hier bei Tisch geführt werden, dürfen sich alle ganz ungezwungen beteiligen.« Dann sah sie das Mädchen an und beantwortete ihre Frage. »*Petanque,* das ist ein anderer Name für Jeu de Boule.«

»Haben Sie schon einmal Boule gespielt?« wandte sich Pascal wieder an Charly.

»Nein. Aber stundenlang zugesehen und mir die verschiedenen Techniken eingeprägt. Es hat etwas sehr Beruhigendes, wie die Kugeln so rollen, und dann das *Klock,* wenn sie aneinanderstoßen. Vielleicht kaufe ich mir Kugeln, bevor ich nach Hause fahre.«

Pascal nickte.

»Ich habe Kugeln«, sagte Theo, »wenn Sie wollen, könnten wir doch morgen nachmittag mal ein paar Runden spielen.«

Der Hauch eines Lächelns zeigte sich auf Charlys Gesicht. »Wenn Sie meinen.«

Rieke biß in das geröstete Weißbrot, das sie in der Hand hielt und seufzte still in sich hinein. Kein Danke, kein freundliches Wort kam über seine Lippen! Lieber würde er sich noch die Zunge abbeißen! Manchmal hatte sie ihn wirklich satt. Aber dann fiel ihr Blick auf den Ring, den er ihr heute morgen geschenkt hatte, und sie wurde etwas gnädiger. Immerhin hatte er sich Mühe gegeben, hatte sich etwas zu ihrem Geburtstag einfallen lassen. Ein Goldring mit kleinen Diamantsplittern, so etwas hatte sie sich immer schon gewünscht. Es wäre bloß viel schöner gewesen, wenn er ihn ihr an den Finger gesteckt und ihr dazu gratuliert hätte, statt das Schächtelchen einfach aufs Kopfkissen zu legen, bevor er nach unten zum Frühstück ging. Damit war die Freude an dem Ring nur noch halb so groß, und ein bitterer Geschmack von Enttäuschung lag ihr auf der Zunge, als sie sich später bei ihm bedankte. Aber sie hatte kein Wort darüber verloren. Wozu auch? Er würde sie nur wieder als undankbar bezeichnen und ihr vorwerfen, daß er, egal wieviel Mühe er sich auch immer gab, es ihr nie recht machen konnte.

Sie waren mit der Vorspeise fertig, und Michelle brachte den zweiten Gang. Kleine, in eine Marinade von Tomaten, Knoblauch, Zwiebelmus und Kräutern eingelegte Fische, dazu ein Brot, das mit kleingehacktem Speck gebacken war. Charly fand das Brot herrlich, und zum zweiten Mal lobte er etwas, das auf den Tisch kam.

»Es schmeckt wirklich gut. Und dabei dachte ich immer, die Franzosen hätten nur ihr ewiges Stangenweißbrot!«

»Das ist allerdings ein großer Irrtum, Monsieur Charly«, sagte Madame Constant. »In Apt gibt es eine Bäckerei, die mehr als zwanzig Sorten Brot führt. Das fängt an bei verschiedenem Mehl und endet bei solchen Zutaten wie Nüsse, Rosinen oder Speckwürfelchen. Dazwischen gibt es Brot, das mit Thymian oder anderen Kräutern gewürzt ist, es gibt Knoblauch und Olivenbrot, Roquefort oder Zwiebelbrot, Brot mit Sonnenblumenkörnern oder Kleie. Dann gibt es Brot, das sich besonders gut zum Eintunken eignet, anderes passend zur Fischsuppe oder zum Aufstrich für *rouille.* Es gibt Brotsorten mit dunkler oder heller Kruste, und so geht das weiter.«

»Außerdem hat es hier bei Tisch neben *baguettes* mindestens schon fünf verschiedene Sorten Brot gegeben«, sagte Rieke mit unterschwelligem Vorwurf, »du hast es nur noch nicht bemerkt, weil du entweder nicht hier bist oder nur mit langen Zähnen ißt.«

Charly warf ihr einen eiskalten Blick zu und zog sich für den Rest des Abends wieder in sein Schneckenhaus zurück, und Rieke ärgerte sich über sich selbst, weil sie immerzu stichelte und sich dabei doch nur ins eigene Fleisch schnitt.

»Über die Liebe der Franzosen zu ihrem Brot gibt es sogar eine recht amüsante Geschichte von Marcel Pagnol, und es heißt, daß sie so oder ähnlich tatsächlich einmal passiert ist«, nahm Pascal das Gespräch wieder auf. »Sie heißt *Der Bäcker Amable* und spielt in einem kleinen Dorf, das etwas abseits liegt. Die Bewohner kaufen täglich ihr Brot bei ihm und sind mit dem braven, hilfsbereiten und schweigsamen Junggesellen recht zufrieden, bis er eines Tages seinen Laden abschließt und für ein paar Tage in die Stadt fährt, wo er schließlich Geschmack findet am verführerischen Duft weiblichen Fleisches und, was schlimmer ist, am Alkohol. Das ist dann auch der Anfang vom Ende. Immer mehr versumpft der Bäcker Amable, immer öfter ist er betrunken und es gibt darum kein Brot zu kaufen, oder das Brot ist verbrannt, zu schwer im Teig, ungenießbar. Vorbei waren die himmlischen Tage am vielfältig gefüllten Brotkorb, und die knusprigen Croissants, die es früher jeden Sonntagmorgen gab, wurden zur Legende.«

Pascal brach sich ein Stück Brot, hielt es hoch, als wolle er damit seine Erzählung bekräftigen und fuhr fort: »Da beschlossen die Bürger des Dorfes, voran natürlich der Geistliche, der Bürgermeister und der Lehrer, endlich einzugreifen und den Bäcker Amable wieder zur Vernunft zu bringen. Zuerst bekam Amable ein Hausverbot in den beiden ortsansässigen Bistrots. Aber darüber lachte Amable nur und fuhr gleich am nächsten Tag in die Stadt, um sich dort seine Vorräte zu besorgen. Als nächstes ließ der Lehrer aus Marseille allerlei grausiges Anschauungsmaterial über die Leber und Bauchspeicheldrüse eines Säufers kommen, zeigte sie dem Bäcker und beschwor ihn, bekniete ihn, appellierte an seine Vernunft, aber auch das half nichts. Amable soff, um diese Schreckensbilder wieder zu vergessen, mehr denn je. Und so ging es weiter, bis eines Tages einer ins Dorf kam, der eine Medizin für solche Fälle kannte – ein recht durchgreifendes Mittel, eine Art Zaubertrank, nach dessen Einnahme, so behauptete er, der Bäcker garantiert für alle Zeiten die Finger vom Alkohol ließe.

Das war's, worauf die vom Brot entwöhnten, leidgeplagten Leute gewartet hatten, das war die Rettung! Bloß ein Problem machte die aufkeimende Euphorie wieder zunichte. Wie sollte man dem renitenten, um sich schlagenden und fluchenden Bäcker, der inzwischen niemanden mehr an sich heranließ, nur dazu bringen, das Zeug zu schlucken?«

»Ich würde eine Frau auf ihn ansetzen«, sagte Theo und lachte verschmitzt, was ihm nicht nur einen von Karens rügenden Blicken einbrachte, sondern auch noch ein empörtes Kopfschütteln der Elisabeth Dietberg.

Aber der Doktor nickte und fuhr fort: »Genau das haben die guten Leute auch getan. Da gab es eine recht hübsche junge Magd im Dorf, die wollte man für den Plan gewinnen, und die Magd willigte auch ein. Des Nachts setzte sie sich auf eine Bank unter das Fenster des Bäckers und sang so lange mit ihrer liebreizenden Stimme, bis sich der Bäcker neugierig aus dem Fenster beugte. Und was er dort drunten sah, gefiel ihm so ausnehmend gut, daß er hinunterwankte und sich neben die schöne Magd setzte, die es schließlich schaffte, ihm heimlich einen guten Schuß von dem Zaubertrank in ein Glas mit Pernod zu kippen. Und davon trank der Bäcker dann!«

»Ende gut, alles gut?« fragte Rieke.

»Noch nicht ganz. Ein bißchen mußte Amable noch leiden,

denn was folgte, war vermutlich die schlimmste Nacht seines Lebens, in der sich sein Innerstes nach außen stülpte. Krämpfe schüttelten ihn, bis er bewußtlos umfiel, und genaugenommen war er eher tot als lebendig, als sie ihn endlich in sein Bett geschafft hatten. Die Magd blieb die Nacht bei ihm und auch noch am nächsten Tag und die nächste Nacht. Sie hegte und pflegte ihn bei geschlossenen Fensterläden und verschlossenen Türen, und niemand wußte, was dort drinnen geschah, bis endlich am Sonntagmorgen die Fensterläden aufflogen und der Bäcker Amable in blütenweißer Bäckerkleidung und bester Dinge vor die versammelten Leute trat.

Und da staunten sie, denn die Regale in seinem Laden waren wie früher wieder gefüllt mit allerlei Sorten Brotes. Es gab lange schlanke und kompakte breithüftige, es gab plumpe, die aussahen wie leicht zerdrückte Fußbälle und solche, die eher an eine Flunder erinnerten. Es gab dunkle und blonde und zartgebräunte, und natürlich gab es auch wieder die frischen, besonders knusprigen Croissants, für die Amable, bevor er dem Suff verfiel, weithin bekannt gewesen war. Da kann man sich vorstellen, daß ein Jubel durchs Dorf hallte – der Bäcker war geheilt!

Amable heiratete die Magd, und er rührte nie wieder einen Tropfen Alkohol an. Von dem Zaubertrank erfuhr er aber nie etwas, und bis an sein Lebensende glaubte er fest, es sei die Liebe gewesen, die ihn geheilt hatte. Und schließlich, wer weiß«, Pascal sah Laura an, sah ihr tief in die Augen und lächelte, »vielleicht war es ja auch wirklich die Liebe, die aus ihm wieder einen ordentlichen Bäcker gemacht hat.«

Inzwischen hatte Michelle den dritten Gang gebracht. Zartes Rindfleisch mit einer Meerrettichsoße. Das hatte sich Laura gewünscht, und es schmeckte so gut, daß fürs erste jedes Tischgespräch verstummte.

Nach dem Essen kam Judith Dietberg zu Rieke. Sie wolle einmal über den Alligator streicheln, ob sie das dürfe?

»Aber natürlich.«

Die feingliedrige Hand des Mädchens, die von fast durchsichtiger Haut umspannt war und seltsam leblos wirkte, strich vorsichtig und von einem Schauder durchzuckt über das ausgestopfte Reptil.

»Bestimmt sind diese Hände immer kalt«, dachte Rieke und fühlte ein jähes Bedürfnis in sich aufsteigen, das Mädchen in die Arme zu nehmen und zu wärmen.

Judith zog ihre Hand zurück und sah Rieke mit fragenden Augen an. »Glauben Sie nicht auch, daß der Seemann die Frau damals doch geliebt hat? Vielleicht ist ja sein Schiff untergegangen, vielleicht kam er deshalb nicht mehr zu ihr zurück!«

Rieke lächelte. »Ja, vielleicht«, sagte sie und fragte sich im stillen, ob ihr mit fünfzehn Jahren zwanzig tote Seeleute auch lieber gewesen wären, als daß einer sein Treueversprechen brach. Ja, vermutlich... vermutlich braucht man mit fünfzehn noch seine Träume von der ganz großen Liebe und dem absoluten Glück.

Dann kam Elisabeth Dietberg und befahl ihrer Tochter, zu Bett zu gehen.

»Wenn du willst, können wir ja morgen ein bißchen spazierengehen!« rief Rieke ihr nach.

Judith drehte sich um. »Ja, gerne«, sagte sie, und zum ersten Mal sah Rieke so etwas wie ein Lächeln auf ihrem Gesicht.

»Kommst du mit in den Kräutergarten, frische Luft schnappen und ein bißchen den Mond anheulen?« Laura hielt eine Flasche Champagner hoch und zwinkerte Rieke verschmitzt zu.

Rieke sah sie erstaunt an. »Wir beide alleine? Und wo ist Steffen?«

»Schon nach oben gegangen. Er fühlt sich nicht wohl.«

»Und Pascal?«

»Mußte weg zu einem Notfall.«

»Und die Nacht ist noch so jung!« Rieke lachte. »Also gut, ich komme. Champagner, Mondnacht und Kräutergarten – früher hätte man uns dafür verbrannt!«

10. Kapitel

Laura stellte den Wecker ab, stieg aus dem Bett und öffnete die Fensterläden. Es war strahlend blauer Himmel, die Vögel in den Krüppeleichen zirpten, und vom Swimmingpool kam lautes Planschen und Lachen herüber. Sie beugte sich weiter aus dem Fenster, um sehen zu können, wer da morgens schon badete. Es waren Rieke und Judith, sie übten Wendungen, wie das die Schwimmer bei Wettbewerben taten.

Laura sah ihnen eine Weile lang zu, dann ging sie zum Bett zurück und rüttelte Steffen sanft an den Schultern. »Aufstehen, wir wollten doch möglichst früh losfahren!«

Steffen brummte. »Wohin?«

»Na, nach Spanien, ins *Dalí-Museum!*«

»Spanien? Um Gottes willen, das ist unmöglich, nicht mit mir!«

»Aber wir haben das seit Tagen geplant! Weshalb ist es auf einmal unmöglich?«

»Ich habe die ganze Nacht kaum ein Auge zugetan. Mir war übel und ich hatte Herzjagen. Und dann bei dieser Hitze vier Stunden im Auto sitzen! Also nein, wirklich, ich kann nicht mit dir nach Figueres fahren.«

»Wenn wir heute nicht fahren, dann können wir es vergessen. In vier Tagen ist unser Urlaub zu Ende! Morgen sagst du dann, daß du dich vor der langen Heimfahrt nicht noch mal sechs- oder achthundert Kilometer extra ins Auto setzen kannst, weil dein armes Herz das nicht mitmacht.« Lauras Stimme klang scharf.

»Dann fahr eben alleine!«

»Du wirst staunen, genau das werde ich tun!«

Laura zog ihr Nachthemd aus und knallte es aufs Bett. Dann warf sie sich den Bademantel über, nahm Handtücher und ihren Beauty Case und ging ins Bad.

Als sie zwanzig Minuten später ins Zimmer zurückkam, waren die Fensterläden wieder geschlossen und am Nachttisch standen ein Glas Wasser und das Ledermäppchen mit Steffens Medikamenten. Steffen hatte sich die Decke über den Kopf gezogen, womit er signalisierte, sie solle ihn in Ruhe lassen.

Aber Laura hatte gar nicht vorgehabt, ihn zu stören. Verärgert zog sie sich an, packte für die Übernachtung ein paar Sachen zusammen und verließ das Zimmer.

Auf der Treppe begegnete ihr Rieke, die gerade unterwegs zu ihrem Zimmer war. »Na?« Sie deutete auf Lauras kleine Reisetasche und lachte. »Du willst wohl klammheimlich verschwinden?«

»Wäre vielleicht das beste«, sagte Laura.

»Du machst ja ein Gesicht wie damals, als deine Eltern dir mitteilten, daß sie sich scheiden lassen werden. Was ist denn passiert?«

»Steffen ist mal wieder krank. Und dabei hat er mir ganz fest versprochen, mit mir nach Spanien ins Dalí-Museum zu fahren! Seit Tagen war das abgemacht. O ich sage dir, wie ich so etwas hasse!«

»Ich weiß.« Rieke grinste. »Wenn man sich bei dir unbeliebt machen wollte, dann brauchte man nur zu spät kommen oder irgendein Versprechen brechen. Und jetzt fährst du alleine?«

»Was bleibt mir anderes übrig.«

»Ich könnte mitkommen.«

Laura sah sie erstaunt an. »Und das würde dein Charly erlauben?«

»Nein, aber wen stört das schon. Gestern nacht, als ich vom Kräutergarten heraufkam, da hat er mich angepflaumt, weil ich mich, wie er das ausdrückte, die halbe Nacht herumtreibe! Das muß man sich mal vorstellen, das sagt einer, der selbst nächtelang unterwegs ist! Und heute morgen ist er dann bereits um halb sieben abgehauen, ohne zu sagen wohin. Ich meine, ich kann mir denken, daß er bei Marie ist und ihr im Stall hilft, wohin sollte er sonst so früh am Morgen. Aber er könnte ja wenigstens ein Wort sagen! Also, wenn du willst, komme ich mit. Ich schreibe Charly einfach einen Zettel, und dann muß er mal sehen, wie er damit klarkommt.«

Laura nickte. »In Ordnung. Ich warte beim Wagen auf dich. Und vergiß nicht, die Zahnbürste einzupacken, wir bleiben über Nacht!«

Laura suchte Madame Constant, um ihr Bescheid zu sagen, daß sie zum Essen nicht da sein würden und telefonierte kurz mit Pascal. Dann ging sie hinaus zum Wagen. Auf der Treppe vor dem Haus kamen ihr Judith und Frau Dietberg entgegen. Die Mutter grüßte mit einem verbissenen Kopfnicken, die Tochter, die in ein großes Badetuch gewickelt war und ihr folgte, hatte verweinte Augen. Droben angekommen, hielt Frau Dietberg die Tür auf, ließ ihre Tochter als erste eintreten und fauchte sie dabei an: »Und das nächstemal frag mich gefälligst, bevor du baden gehst oder sonst irgend etwas tust.«

Als Rieke zehn Minuten später die Treppe herunterkam und ins Auto einstieg, erzählte Laura ihr davon, und Rieke schüttelte den Kopf.

»Vorhin, am Swimmingpool, war Judith so vergnügt, wie ich sie bis dahin noch nie erlebt hatte«, sagte sie. »Aber als ich sie dann fragte, ob sie nach dem Frühstück mit mir zur Römerbrücke gehen und Kräuter für einen Trockenstrauß sammeln möchte, da war sie plötzlich wie versteinert und schüttelte heftig den Kopf, ganz so als ob sie Angst davor hätte, ihre Mutter überhaupt nur zu fragen. Ich sag' dir was, diese Frau ist mir zutiefst zuwider!«

Laura bog von der holprigen Zufahrtsstraße auf die Teerstraße ein, die zur Einhunderter führte, schaltete in den dritten Gang und sah Rieke an. »Das wundert mich nicht. Mal abgesehen davon, daß es mir genauso geht, finde ich, daß Frau Dietberg eine frappante Ähnlichkeit mit deiner Mutter hat. Nicht nur äußerlich, sondern auch in ihrem Verhalten.

Ich könnte mir vorstellen, daß dir bei ihrem Anblick einiges an altem Groll aufstößt.«

»Und ob! Weißt du noch, wie meine Mutter die Fotos zerriß, die du von mir und Ulrich im Schwimmbad gemacht hattest? Meine erste große Liebe! Albern waren wir auf den Fotos und haben harmlose Zärtlichkeiten ausgetauscht, aber sie hat getan, als wäre ich ein verkommenes Subjekt und hat mich sogar zum Beichten geschickt. Ich habe sie wirklich gehaßt dafür! Ein Foto zerreißen, das ist wie... wie ein Stück Seele zerreißen! Es ist eine Art Anschlag auf deine Persönlichkeit. Es war schrecklich gemein, und bestimmt hat sie es aus Neid und Mißgunst getan. Weil ich jung war und hübsch und im Gegensatz zu ihr noch so etwas wie eine Zukunftsperspektive vor mir hatte.«

Riekes Gesicht war wie versteinert, während sie sprach. Sie saß da und starrte zum Fenster hinaus, ohne etwas von der Landschaft zu sehen. Die Berge des Lubéron, die Obstplantagen bei Goult, die weiten Melonenfelder und Weingärten, all das zog unbemerkt an ihr vorbei, bis sie plötzlich auffuhr und sagte:

»Und weißt du, was am schlimmsten ist – ich glaube, ich bin als Mutter genauso mies, wie meine war! Mein Sohn ist ein absoluter Langweiler, einer mit dem Temperament einer Schnecke, und außerdem ist er auch noch ein Feigling. Vor Pferden hat er Angst, und auch ansonsten ist er kaum für irgend etwas zu begeistern. Am liebsten hat er es, wenn er den ganzen Tag vor der Glotze sitzen kann und keiner was von ihm will. Und was tu' ich? Ich motze ständig an ihm herum! Tu dies, laß das, beweg doch endlich mal deinen dicken Hintern! Oder ich halte ihm vor, daß ich vor lauter Dankbarkeit auf den Knien gerutscht wäre, wenn es mir als Kind nur halb so gut gegangen wäre. Genau dieselbe blöde Leier, wie sie damals meine Eltern drauf hatten. Nie hat man denen was gut genug gemacht, immer hätte man noch mehr, noch besser, noch züchtiger sein können. Ich kann dir sagen, manchmal hab' ich mich wirklich gewaltig satt!«

Laura sah Rieke an. »Wie heißt er denn überhaupt, dein Sohn?« fragte sie.

»Christopher. Wir nennen ihn Chris.«

»Also, verstehe ich dich recht: Dein Chris reitet nicht?«

»Noch nicht mal im Schritt. Als ich ihn mit zwölf Monaten zum ersten Mal zu mir aufs Pferd nahm, nur so, zum Hoppereiterfühlen, da fing er sofort zu brüllen an und hörte nicht mehr auf, bis er wieder runter durfte. Dasselbe Spiel, sooft wir es versuchten. Als er dann sprechen konnte, schrie er bei einem letzten Versuch: ›Nein, Kistop nich scheiß Pferd mögen!‹ Spätestens da war klar, daß er niemals am Großen Preis von Aachen teilnehmen wird. Das hat ihm nämlich sein Vater an der Wiege prophezeit.« Rieke machte eine wegwerfende Handbewegung und fügte an: »Aber na ja, Charly taugt eben nicht zum Hellseher.«

Laura lachte. »Das ist schon Pech, daß ausgerechnet ihr einen Sohn habt, dem Pferde ein Greuel sind.«

Rieke sah Laura an. Sie hatte Tränen in den Augen. Das Thema Chris tat ihr besonders weh, und darum mied sie es im allgemeinen, aber jetzt waren sie schon einmal dabei, jetzt konnte sie den Rest auch noch erzählen.

»Aber nicht nur, daß er faul und träge ist und Pferde nicht ausstehen kann... er ist auch noch ein kleines Sexmonster. Als er sieben Jahre alt war, verschleppte er eine Vierjährige auf den Heuboden und zog sie unter Androhung von Prügeln völlig nackt aus. Das Mädchen erzählte es später weinend seiner Mutter, eine junge Frau, die ihr Pferd bei uns in Pension hatte. Sie machte natürlich großen Terror, kündigte ihre Box und brachte ihr Pferd in einen Stall bei Sonneberg. Zwei andere Pferdebesitzer folgten ihr, und das tat uns finanziell sehr weh.«

Sie wischte sich mit einer ärgerlichen Handbewegung eine Haarsträhne aus dem Gesicht und fuhr fort: »Mit neun Jahren wurde Chris dann auf der Mädchentoilette seiner Schule erwischt. Er hatte ein Loch in die Trennwand gebohrt, durch das er die Mädchen beobachtete. Und zweieinhalb Jahre später, damals war er gerade mal zwölf, rief mich eine Frau aus dem Ort an, die nicht den allerbesten Ruf hatte. Sie beschwerte sich, weil Chris mit zwanzig Mark in der Hand bei ihr erschienen war, um sich ihre Liebesdienste zu erkaufen. Zwanzig Mark übrigens, die aus der Kasse im Reiterstüberl fehlten. Die Frau schrie mich empört an, daß das eine Beleidigung und außerdem Rufmord wäre, und drohte damit, uns anzuzeigen. Gott sei Dank konnte ich sie so weit beruhigen, daß sie auf die Anzeige verzichtete. Und ein Jahr später... da zog er mit einer Siebzehnjährigen herum, die, wie es allgemein hieß, ›jeden an sich ranließ‹. Eines Tages stand sie dann vor unserer Tür und behauptete, von Chris schwanger zu sein. Sie wollte Geld für eine Abtreibung!«

»Und, hast du's ihr gegeben?«

»Nein, natürlich nicht! Ich habe ihr gesagt, ich würde mich über ein Enkelkind sehr freuen und mich gerne an der Erziehung beteiligen, vorausgesetzt natürlich, daß ein Vaterschaftstest gemacht werden würde. Du, ich kann dir sagen, die hat getobt! Sie wollte uns überall unmöglich machen, wollte dafür sorgen, daß Chris von der Schule fliegt und andere Nettigkeiten. Aber ich blieb hart, und ich habe nie wieder etwas von ihr gehört.«

»Du meinst, das mit der Schwangerschaft war gelogen?«

»Natürlich. Es war ein ganz mieser Trick.«

Rieke streifte sich mit einer unwirschen Handbewegung das Haar von der Schulter, eine Geste, derer sie sich schon als junges Mädchen bediente, um ihren Ärger auszudrükken. Dann sah sie Laura an und zischte: »Chris ist wie sein Vater! Verstehst du, was das weibliche Geschlecht betrifft, ist er genau wie Charly!«

»Charly hat es ihm vorgelebt.«

»Charly hat ihm auch das Reiten vorgelebt. Aber das hat er sich nicht abgeguckt!«

»Und was hast du deinem Sohn vorgelebt?«

»Weiß nicht. Aber du wirst es mir bestimmt gleich sagen.« Rieke preßte die Lippen zusammen und starrte Laura feindselig an.

»Du hast ihm vorgelebt, daß deine Arbeit mit den Pferden nicht besonders attraktiv ist, weil es abgesehen von den paar müden Märkern, die kaum zum Leben reichen, ja doch nichts einbringt. Keine Liebe, keine Anerkennung, keinen Dank, und am Ende ist sogar die Freude verpufft, die man einmal an den Tieren hatte. Und das bei einem achtzehn-Stunden-Job! Warum also sollte er dir beruflich nacheifern?«

»Ja, du hast recht. Da wäre er ganz schön blöd! Und ich sollte als Mutter ja eigentlich froh sein, daß er sich das nicht antun will. Vielleicht wäre ich es ja auch, wenn er dann wenigstens eine akzeptable Alternative wüßte, irgend einen Beruf wie Bankangestellter, Einzelhandelskaufmann oder meinetwegen Gärtner! Aber weißt du, was er mir letztens antwortete, als ich ihn nach seinen Zukunftsplänen fragte? Er sagte: ›Wenn ich im Sommer die Penne hinter mir hab', dann geh' ich in die Fabrik und verdiene gutes Geld! Lehre oder so was kannst du bei mir vergessen!‹« Rieke lachte bitter auf. »Da läßt man ihn Mittlere Reife machen und versucht ihn davor zu bewahren, als Hilfsarbeiter in der Fabrik zu landen, und dann ist gerade das seine einzige Lebensperspektive!«

»Vielleicht wollte er dich nur ärgern...«

»O nein, er meinte es ernst!« fiel ihr Rieke ins Wort. »Und als ich mich über diese Eröffnung ereiferte, beruhigte er mich, indem er mir verriet, daß er ja gar nicht vorhätte, sein ganzes Leben am Fließband zu verbringen, denn wenn er eines Tages unseren Betrieb erbte, dann würde er alles verkaufen und mit dem Geld in einen Automatenverleih einsteigen oder sich noch besser mit einer Spielothek selbständig machen! ›Denn Automaten‹, so die Worte meines Herrn Sohnes, ›die bringen es echt, Automaten sind nämlich absolut die Zukunft!‹«

»Er ist sechzehn. In dem Alter haben wir in Gedanken auch schon das Erbe unserer Eltern verplant!«

»Nicht wir«, verbesserte Rieke patzig, »sondern du. Bei uns gab es ja nichts, was ich hätte erben können.«

Laura zuckte mit den Schultern. »Aber schon alleine, daß du diese Tatsache bedauert hast, war dasselbe.«

Rieke wandte sich ab und starrte schweigend aus dem Fenster.

Sie fuhren über Cavaillon nach St. Remy de Provence und bogen vor Tarascon auf die 570 Richtung Arles ab.

»In Arles«, schlug Laura vor, »könnten wir essen. Ich kenne da ein kleines Restaurant, wo man erstklassige Menüs bekommt. Hast du Lust auf ein gutes Essen?«

Rieke nickte. »Auf ein gutes Essen und dazu ein gutes Glas Wein! Aber sag mal, wieso kennst du in Arles ein Restaurant? Du bist wohl auf der ganzen Welt zu Hause?« Es schwang unüberhörbarer Neid in Riekes Stimme mit.

»Ich war vor fünf oder sechs Jahren in Arles. Damals dachte ich dran, meine gesammelten Marien-Fotos zu veröffentlichen und fuhr in die Camargue, um die Schwarze Madonna in Ste. Maries zu fotografieren. Dann war die Kirche aber wegen Restaurationsarbeiten geschlossen, und ich nutzte die Gelegenheit, mir Arles anzusehen. So entdeckte ich das Gräberfeld des ›Alyscamps‹ und zwei interessante Museen in Arles. Das eine in der Kirche St. Anne, es ist ein Museum für heidnische Kunst, das andere, ein Museum für christliche Kunst, in einer ehemaligen Jesuitenkapelle. Eigentlich schade…«, sagte Laura plötzlich und sah Rieke an, »wenn wir früh morgens hier gewesen wären, hätte ich dir das Gräberfeld des ›Alyscamps‹ zeigen können.«

»Kann man da jetzt nicht hin?«

»Doch, schon. Aber man muß morgens dort sein, wenn noch keine Touristen da sind und sich die ersten Sonnenstrahlen durch die Laubdächer der Bäume stehlen. Dann geben die aufgereihten Särge ein sehr stimmungsvolles Bild ab, und wer Fantasie hat, sieht Elfen zwischen den Bäumen tanzen und hört Feen lachen.«

»Was ist das, das Gräberfeld des ›Alyscamps‹?«

»Eine mittelalterliche Totenstadt, oder wie es auch hieß: die Totenstadt Europas. Du mußt wissen, daß Arles zu Zeiten der Römer eine blühende Großstadt war, und es früher einmal für einen Christen zum guten Ton gehörte, dort begraben zu werden. Um in den Alyscamps ihre letzte Ruhe finden zu können, nahmen vornehme Gläubige nach ihrem Tod eine recht makabre Reise in Kauf. In große, mit Talg abgedichtete Salzfässer gesteckt, ein Goldstück für die Bestattungskosten zwischen den Zähnen, wurden sie einfach in die Rhône geworfen. Der Fluß nahm sie mit, und in Arles, so Gott wollte, sind sie dann wieder herausgefischt und beigesetzt worden.«

»Das klingt ja wirklich makaber!«

Laura lachte. »Andere Zeiten, andere Sitten! Heute ist von der ganzen riesigen Totenstadt, in der es früher siebzehn Kirchen und Kapellen gab, aber leider nur noch die von Sarkophagen gesäumte Allee übrig. Zu Zeiten, als das Interesse an antiker Kunst erwachte, wurden die schönsten der übrigen Sarkophage ausgegraben und als Zierstücke in verschiedene Kirchen und Schlösser Frankreichs bis hin nach Italien geschafft. Nur einige davon blieben in Arles und kamen in diese beiden Kirchen, die heute das heidnische und das christliche Museum für Kunst sind.«

Rieke war in Gedanken offensichtlich noch immer mit jenen von Leichen besetzten Salzfässern, die auf der Rhône Richtung Arles trieben, beschäftigt, denn sie fragte: »Wie konnte das denn überhaupt gehen, die Fässer wieder herausfischen? War da einer Tag und Nacht mit dem Boot auf dem Fluß unterwegs und hielt Wache, ob vielleicht ein Salzfaß ankommt? Und was, wenn ihm dann doch eins durch die Lappen ging und aufs Meer hinaustrieb?«

»Es war gar kein so großes Problem«, antwortete Laura. »Die Rhône fließt nämlich geradewegs auf die Stadt zu, stößt dann an ihre Mauern und wendet sich in einem Bogen von neunzig Grad wieder von ihr ab. Zu Füßen der Stadtmauer und des Promenadenwalls, wo einst auch Van Gogh spazierenging, gibt es darum ein Stück von allerlei Treibgut verschmutzten Strand. Dort warteten Männer, die mit langen Stangen bewaffnet waren, um die Fässer herauszuziehen.«

»Auch ein Job«, sagte Rieke, und Laura lachte.

»Übrigens wird dort noch heute all das Treibgut und die Kadaver angespült, die der Strom mitführt. Zerschlissene Matratzen, Holzstühle, Plastikeimer, Kadaver von toten Hunden. An dieser Stelle begann Clergue, ein einstmals sehr bekannter französischer Aktfotograf, ja auch seine berühmte Bildreihe mit Leichen von Tieren. Hunde, Katzen, Schafe, Flamingos, alle mit Schlamm bedeckt, verkrustet, von Wellen umspielt, vor sich hinrottend. Mit der Kamera verfolgte er, wie sie langsam vom Morast verzehrt wurden und sich in Nichts auflösten. Wirklich sehr eindrucksvolle Bilder, die ich mit etwa fünfzehn Jahren in einem Bildband bei meinem Vater entdeckte und mit Schauder immer wieder betrachtete. Der Tod im Bild festgehalten! Clergue ging dann eines Tages weiter und legte eine sehr schöne junge Frau so in den Schlamm, als ob sie tot wäre, und so fotografierte er sie. Ein inszenierter Tod, aber für mich war es, als ob sie wirklich tot wäre, und ich weinte bittere Tränen um sie.«

»Und was ist aus *deinem* Bildband geworden?« fragte Rieke plötzlich.

»Du meinst die Marienbildnisse?« Laura zuckte mit den Schultern. »Ich habe keinen Verleger gefunden. Das heißt, bis jetzt nicht. Irgendwann habe ich das Projekt einfach schleifen lassen und dann ganz vergessen. Aber als ich die kleine Figur in Händen hielt, die du mir gestern geschenkt hast und Pascal von Madame Duponts Tod erzählte, da fiel es mir plötzlich wieder ein und ich dachte...« Sie brach ab.

»Was dachtest du?«

Laura verringerte die Geschwindigkeit, denn sie hatten die Stadtgrenze von Arles passiert und näherten sich langsam dem Zentrum. »Wir brauchen einen Parkplatz«, wich sie Riekes Frage aus, aber dann sah sie sie plötzlich an und lächelte. Also gut, ich werde es dir erzählen. Später, beim Essen, einverstanden?«

Einen Parkplatz zu finden erwies sich als gar nicht so einfach. Es war Hochsaison, und eine Lawine von Touristenautos überrollte die Stadt. Dazu saß glühende Hitze zwischen den Häusern, was für Arles nicht ungewöhnlich war. Auf einem Hügel, der von einem Amphitheater gekrönt wurde, pyramidenförmig aufgeschichtet, glich die Stadt einem Ofen aus feuerfester Erde, dem immerzu Hitze entströmte – eine Hitze, die nicht mehr von der Sonne, der Luft stammte, sondern die tellurisch, fast vulkanisch war und von unten aufstieg. Sogar nachts entströmte den Mauern, die sich tagsüber mit Hitze vollgesogen hatten, noch Wärme, und so kühlte die Stadt den ganzen Sommer über niemals ab.

Dann hatten sie endlich Glück und fanden eine Lücke auf einem der vielen kleinen platanenbewachsenen Plätze von Arles. Sie war so eng, daß die Türen nach rechts und links nur einen Spaltbreit aufgingen, bevor sie an die nächsten parkenden Autos stießen und sie Mühe hatten, sich aus dem Wagen zu schälen. Rieke trug ein weißes Kleid mit hellblauen und grünen Streifen, und um es nicht zu beschmutzen, hob sie es einfach bis über die Taille hoch. Ein junger Mann, der gerade mit einem Baguette unterm Arm an ihnen vorbeikam, schnalzte mit der Zunge und rief: »O-là-là!«, und fast gleichzeitig pfiffen oben auf den Platanen ein paar Spatzen los, als wollten sie es ihm nachtun.

Laura lachte. »Die Spatzen pfeifen es schon von den Dächern: Eine Touristin läuft hier *unten ohne* herum!« Sie kam ums Auto, hakte sich bei Rieke ein und führte sie nach rechts in eine Gasse. »Apropos... Über die Spatzen von Arles gibt es eine traurige Geschichte zu erzählen. Jeden Abend sammeln sie sich zu Tausenden in den Platanen, die auf den Plätzen von Arles stehen, vorzugsweise aber droben auf der *Place du Forum,* und wenn die Sonne hinter den Dächern versinkt, wird ihr Tschilpen zum ohrenbetäubenden Lärm. Es klingt wie das Geräusch mehrerer schleifender Maschinen in einer

Fabrikhalle, und der ganze Lärm hört mit einem Schlag auf, wenn der letzte Sonnenstrahl der untergehenden Sonne verloschen ist. Was aber die ganze Nacht über nicht aufhört, ist der dichte Regen von Spatzenmist, der auf den Platz niedergeht und jeden Wagen, der unter den Bäumen parkt, zu einem dicken, faltigen, weißlichen Stumpf einer heruntergeschmolzenen Kerze werden läßt.

Einmal wollte die Stadtverwaltung dem ein Ende setzen. Sie schickten Feuerwehrleute aus, die auf den Platanenzweigen ein Pulver verstreuten, das betäubend wirkte, dann Sack um Sack mit kleinen Federbüscheln füllten, und bald brannten diese Säcke, mit Petroleum übergossen, auf einem Müllplatz am Rande der Stadt. Aber dieser grausame Mord wurde von den Bewohnern nicht hingenommen. Er zog in den Zeitungen und Cafés einen Sturm der Entrüstung nach sich. Man hatte zwar über die Spatzen geschimpft, aber ihr grausamer Tod ließ all ihre Untaten vergessen. Der ›Spatzenmörder-Magistrat‹ wurde bei den nächsten Gemeinderatswahlen weggefegt und auch der Unterpräfekt von Arles wurde mit in den Strudel gerissen. Das Völkchen der Spatzen aber ist wieder vollzählig da, und die Platanen der kleinen Plätze in Arles sind aufs neue des Nachts dicht voll von Gefieder. Jetzt fallen sie wieder wie Regen herab, die weißen Kleckse, die auf den Autodächern trocknen und fest werden.«

Das Lokal, in das Laura Rieke führen wollte, lag in einer Seitenstraße am Rande des Zentrums. Sie irrten eine ganze Weile lang umher, bis Laura endlich rief: »Da ist es ja!« und die Tür eines kleinen, unscheinbaren Hauses aufstieß, das von außen eher wie ein Lager für Stoffballen oder gebrauchte Möbel wirkte, als daß es nach einem Restaurant aussah. Aber von innen machte es einen gemütlichen Eindruck, erinnerte an eine Wohnstube aus früheren Zeiten. Es gab nur fünf kleine Tische, von denen bereits drei besetzt waren, und rechts an der Wand stand eine große, uralte Anrichte aus fast schwarzem Holz, auf der einige Flaschen Wein, verschiedene Salate und Brot bereitstanden.

Es dauerte ein paar Minuten, ehe ein alter, weißhaariger Mann aus der Küche geschlurft kam, die an das Gastzimmer grenzte, und aus der beständiges Klappern und Klirren von Töpfen und Geschirr zu hören war. Er begrüßte die beiden Frauen und führte sie an den Tisch beim Fenster. Ohne zu fragen, was sie bestellen wollten, verschwand er wieder, kam wenig später zurück und servierte Brot und Gänseschmalz mit Grieben. Dann unterbreitete er ihnen das Menü des heutigen Tages. Es gab verschiedene Salate, Artischokken mit scharfer Marinade, Stockfisch in einer Kräutersoße gedünstet, Schweinefleisch in einer dunkelbraunen Zwiebelsoße und zum Abschluß kandierten Engelwurz mit einem Schuß Aprikosenlikör. Ob sie auch Wein wollten?

Sie bestellten den Tafelwein, einen Rosé aus dem Lubéron, und der Alte schlurfte davon. Dann erzählte Laura von Monique, der Besitzerin des Restaurants.

»Sie muß bereits uralt sein, niemand weiß genau wie alt, aber es heißt, sie hätte sogar schon einmal für den deutschen Kaiser gekocht, als der in Paris im Exil war. Sie macht hier alles, was in den Bereich der Küche fällt, selbst; vom Einkaufen übers Ausnehmen der Fische, bis hin zum Kandieren der Früchte. Ihr Mann, der Alte, der uns eben bedient hat, heißt Simon und sorgt für alles andere. Das Bedienen, die Tischwäsche, der Wein, das alles fällt in sein Ressort. In jungen Jahren war er einmal Schauspieler in Paris und hatte sogar Erfolg. Aber dann kam der Krieg, und weil er Jude war, mußte er sich verstecken. Er floh zu Fuß in Richtung Süden und kam so in das Dorf, in dem Monique wohnte. Sie fand ihn halb verhungert in ihrem Schuppen, hatte Mitleid und gewährte ihm Unterschlupf.

Nach dem Krieg heirateten sie und eröffneten dieses Restaurant. Es ist immer noch so, wie es damals war, sogar die karierten Vorhänge sind noch die alten! Monique hat die Möbel und das Geschirr in den Kriegsjahren gegen ein Getränk aus Absinth und süßem Wein eingetauscht, womit sie einiges riskierte, denn das Herstellen und Vertreiben von Absinth, einem gefährlichen Getränk, das bei übermäßigem Gebrauch schwere Krankheiten und sogar Wahnsinn verursachen konnte, ist bereits seit 1915 verboten. Vielleicht hatte ihr Vater deshalb die drei Kisten mit den jeweils zwölf Flaschen im Garten vergraben, vielleicht aber auch nur, weil er selbst sehr schlechte Erfahrungen mit diesem Getränk gemacht hatte, das Taubheit verursachen konnte und halluzinogene Kräfte besaß. Er sah nämlich eines Nachts nach eingehendem Absinthgebrauch seine Mutter, seine Schwiegermutter und seine Frau, wie sie mit einem riesigen Beil auf ihn warteten, um ihm den Kopf abzuschlagen, und als er fliehen wollte, waren sie mit drei schwarzen Hunden hinter ihm her und hetzten ihn über die drei heiligen Berge der Provence. Es muß entsetzlich gewesen sein, denn danach rührte er tatsächlich nie wieder einen Tropfen an!«

»Die drei heiligen Berge? Was ist das?« wollte Rieke wissen.

»Das Massif de la Sainte-Baume ganz im Süden, der Lubéron oder wie man auch sagt: der Berg des Skorpion, und schließlich am nördlichsten gelegen der Mont Ventoux, der in alten Texten wie der Berg Sinai oder der Himalaya unter den sieben heiligen Bergen der Welt aufgeführt wird.«

»Das wußte ich nicht!«

»Ich wußte es auch nicht, bis Pascal es mir auf unserem Ausflug nach Aix erzählt hat. Wenn wir wieder bei Madame Constant sind, solltest du ihn danach fragen, denn er weiß noch eine ganze Menge mehr darüber.«

Laura nahm einen Schluck Rosé, dann fuhr sie mit ihrer Geschichte über Monique und Simon fort:

»Als dann 1934 Moniques Vater starb, ließ er seine Tochter rufen und verriet ihr die Stelle, wo er den ›Schatz‹ vergraben hatte. Man kann ja nie wissen, wofür das Teufelszeug einmal gut sei, meinte er, und als es dann ein paar Jahre später ums Überleben ging und jeder verkaufte, was sich verkaufen ließ, grub Monique den ›Schatz‹ wieder aus und verhökerte ihn Flasche für Flasche auf dem Schwarzmarkt oder tauschte sie eben gegen Möbel und Geschirr ein.«

Laura nahm ein Stück Brot, strich ein bißchen Gänseschmalz darauf und biß hinein.

»Und woher weißt du das alles?« fragte Rieke.

»Wenn abends die meisten Gäste fort sind und Monique und Simon selbst ein Gläschen Wein intus haben, dann sind sie schon mal bereit, etwas aus ihrem Leben zu erzählen. Ich war damals jeden Abend hier – nicht nur des vorzüglichen Essens wegen, sondern auch wegen dieser Geschichten – und hab' so einige Gespräche belauscht...«

Simon kam aus der Küche und servierte den ersten Gang. Dann wurde die Tür geöffnet, und zwei Männer in Anzug und Krawatte betraten das Lokal. Simon brachte sie an den einzigen noch freien Tisch, versorgte sie mit Wein und Brot und erläuterte ihnen das Menü.

Rieke brach ein Blatt von der Artischocke, tunkte es in die scharfe Marinade, lutschte es aus und schnalzte anerkennend mit der Zunge. »Es ist verdammt scharf, aber es schmeckt herrlich!« Sie brach ein zweites Blatt ab und wandte sich wieder an Laura. »Also«, sagte sie, »du wolltest mir doch etwas erzählen!«

Laura leckte sich die Finger, nahm einen Schluck, und dann sagte sie feierlich: »Ich habe beschlossen, ein Haus im Lubéron zu kaufen. Es ist das Haus von Madame Dupont, die gestern starb – du weißt doch, Pascal hat beim Aperitif von ihr erzählt. Sie hat keinen Erben, und Pascal soll das Geld für ein Waisenhaus verwenden. Als ich kürzlich mit ihm in Aix-en-Provence war, fuhren wir bei Madame Dupont vorbei, und ich habe mich sofort unsterblich in das Haus verliebt. Es ist ein Hof, er liegt abseits auf einem Hügel, und man hat Ausblick über ein Tal voller Lavendel. Es ist einfach traumhaft!«

»Ja, aber, was willst du denn mit dem Hof machen?«

»Drin wohnen natürlich!«

»Und dann jeden Morgen schnell nach Köln in deine Praxis fahren?«

»Ich werde die Praxis verkaufen. Oder ich stelle noch einen zweiten Kollegen ein, das läuft dann auch ohne mich.«

»Und womit willst du dir im Lubéron die Zeit vertreiben?«

»Ich werde vielleicht mein Buch über die Madonnenbildnisse herausbringen. Und ich werde mit Antiquitäten handeln.« Sie sah das Erstaunen in Riekes Augen und lachte. »Ich habe einen guten Freund in Düsseldorf, der Restaurateur ist. Mit ihm kann ich zusammenarbeiten. Hier in Frankreich findet man noch das eine oder andere interessante Stück. Er kann es dann restaurieren und wir verkaufen es gemeinsam. Und vielleicht werde ich mir sogar wieder ein Pferd halten!«

»Und was sagt dein Mann zu all diesen Neuigkeiten?«

»Er weiß noch nichts davon. Ich weiß es ja selbst erst seit heute morgen! Als du in dein Zimmer hinaufgegangen bist, um zu packen, da rief ich kurzentschlossen Pascal an. Er läßt heute noch den Vertrag vom Notar vorbereiten, und wenn wir aus Spanien zurück sind, kann ich ihn unterschreiben.«

»Dann hast du also noch zwei Tage Galgenfrist...«

Laura schüttelte entschieden den Kopf. »Nein, Rieke, ich bin mir ganz sicher, ich werde das Haus kaufen und mein Leben endlich so gestalten, wie ich es mir schon immer gewünscht habe.«

Der Blick, mit dem Rieke sie ansah, war irgendwo zwischen Erstaunen und Ungläubigkeit angesiedelt. »Das trifft mich jetzt wirklich wie aus heiterem Himmel«, murmelte sie. »Einerseits freue ich mich für dich, aber andererseits... also irgendwie macht mir dein Tempo und diese Entschlußkraft, die du plötzlich an den Tag legst, angst. Du kommst mir vor wie eine Lawine, die im Berg hängt und bei der man befürchten muß, daß sie jeden Moment abgeht und einen überrollt.«

Laura lachte. »Das sind ja reizende Vergleiche!«

»Ich weiß auch nicht, warum mich das jetzt so aus dem

Häuschen bringt, denn eigentlich betrifft mich deine Entscheidung ja überhaupt nicht. Mal abgesehen davon, daß ich natürlich in den letzten Tagen schon irgendwie gedacht habe...«

Sie brach ab, und Laura hakte nach. »Was dachtest du?«

»Daß wir uns zu Hause ab und zu mal wiedersehen könnten. Ich meine, von uns bis nach Köln sind es ja nur 120 Kilometer und jetzt, wo wir uns wieder versöhnt haben...«

»Du, das freut mich, daß du daran gedacht hast. Mir geht es nämlich genauso. Ich will unbedingt den Kontakt zu dir halten, jetzt, wo wir uns wiedergefunden haben!« Laura nahm ihr Glas und stieß damit gegen Riekes Glas. »Laß uns ganz fest versprechen, daß wir uns schreiben und uns gegenseitig besuchen. Du könntest ja deinen Urlaub bei mir verbringen oder...« Laura sah sie ernst an. »Warum gibst du deinem Charly nicht endlich den Laufpaß und ziehst zu mir in den Lubéron? Wir fangen zusammen von vorne an! Platz ist genug, und es gibt sogar einen Stall für Pferde und gutes Weideland.«

»Du spinnst«, sagte Rieke schlicht und lachte. Dann nahm sie ihr Glas und prostete Laura feierlich zu. »Aber daß ich dir schreiben und dich mindestens einmal pro Jahr besuchen werde, verspreche ich dir. Ganz egal, was Charly dazu meint!«

Sie lachten, tranken und umarmten sich. Die beiden Männer in ihren eleganten Anzügen sahen neugierig zu ihnen herüber, und Simon, der gerade aus der Küche kam, servierte den zweiten Gang.

Als die größte Mittagshitze vorbei war, fuhren sie weiter. Von Arles war der Rest des Weges Autobahn, und Laura konnte ihrem BMW einiges abverlangen. Es war kurz vor 18 Uhr, als sie in Figueres vor dem Hotel parkten, in dem Laura ein Doppelzimmer bestellt hatte, das sie nun gemeinsam bezogen.

»Fürs Museum ist es heute schon zu spät«, sagte Laura und warf ihre Handtasche aufs Bett, »aber für eine Flasche Sekt vor dem Abendessen wäre doch eigentlich noch Zeit. Was meinst du dazu?«

»Klar, ich bin dabei!«

Rieke sah sich im Zimmer um, während Laura mit dem Zimmerservice telefonierte. Weiße Schleiflackmöbel, die Betten mit Brokatüberwürfen in dunklem Bordeauxrot abgedeckt, die Übergardinen in derselben Farbe, und über dem Schminktisch hing ein großer, goldumrahmter Spiegel.

»Alles sehr vornehm und bestimmt auch unheimlich teuer!« sagte sie, als Laura aufgelegt hatte.

»Das interessiert uns nicht. Wir bezahlen die Rechnung mit Steffens Visakarte, das ist er mir schuldig!« Sie lachte und setzte sich aufs Bett. Dann zog sie die Schuhe aus und seufzte wohlig. »Plötzlich bin ich richtig müde, die Fahrerei war doch recht anstrengend.«

Es klopfte, und Rieke öffnete. Der Zimmerkellner stellte die Gläser und den Sektkübel ab und nahm das Trinkgeld entgegen, das Laura ihm gab. Es waren Pesetas, wie Rieke erstaunt feststellte.

»Du bist wohl auf alles vorbereitet?«

»Ich habe dieses Zimmer schon von zu Hause aus bestellt und mich dementsprechend auch um Geld gekümmert. Dieser Ausflug sollte schließlich mein Geburtstagsgeschenk sein, und ich hatte mich seit langem darauf gefreut.«

»Und dann kommt dein Mann nicht mit? Warum eigentlich nicht, ich meine, das mit seiner Schulter ist doch nicht so schlimm, oder?«

»Nicht wegen der Schulter. Er hatte Angst vor der Hitze und der Anstrengung und daß sein Herz das nicht mitmachen könnte. Aber lassen wir das, für mich ist das Thema gegessen.« Laura goß ein und reichte Rieke eines der Gläser. »Probier mal. Es ist trockener spanischer Sekt, etwas vom Allerfeinsten.«

»Mhm!« Rieke schnalzte mit der Zunge. »Der ist wirklich himmlisch! Da sieht man mal wieder, es muß nicht immer Champagner sein!«

»Ganz recht. Bei den Weinen ist das wie bei den Männern!« Laura grinste breit. »Nicht der Name macht's, sondern die Reife und das ganz spezielle Bouquet!«

»Weißt du noch«, sagte Rieke, »daß wir früher immer so gerne Sprüche geklopft haben? Ich hatte mir sogar eigens ein Vokabelheft angelegt, in das ich sie schreiben und dann auswendig lernen konnte. Die meisten fand ich in unserer Fernsehzeitung, wie zum Beispiel den von Albert Einstein:

›Zwei Dinge sind unendlich, das Universum und die menschliche Dummheit – aber beim Universum bin ich mir noch nicht ganz sicher!‹« Rieke kicherte. »Oder den: ›Allen ist das Denken erlaubt, jedoch vielen bleibt es erspart.‹«

Laura lachte und konterte: »›Schlagfertigkeit ist das, worauf du erst vierundzwanzig Stunden später kommst‹!«

»›Wir leben alle unter dem gleichen Himmel, aber wir haben nicht alle den gleichen Horizont‹!« fügte Rieke an. Und Laura:

»›Wer heute von morgen sein will, erreicht damit nur, daß er übermorgen von gestern ist‹!«

Rieke kicherte, trank ihr Glas leer und sagte dann: »Oder wie sich Max Frisch einmal so treffend über die Männer äußerte: ›Mancher Mann hält sich für einen Frauenkenner, nur weil er jeder Frau gegenüber jedesmal wieder denselben Fehler macht‹.«

»Und kannst du dich noch an den erinnern?« Laura schenkte beide Gläser nach und rezitierte dabei mit dramatischer Bühnenstimme: »›Von weitem sieht mancher ganz schön blöde aus, aber wenn man näher kommt, merkt man, daß man sich nicht geirrt hat!‹«

Rieke prustete los, stellte das Glas auf den Nachttisch und warf sich vor Vergnügen strampelnd aufs Bett. »Himmel, das ist doch der Spruch, den ich mal unserem Mathelehrer... wie hieß er gleich noch?«

»Möller!«

»Richtig, Möller. Dem hab' ich diesen Spruch aufs Pult geklebt, und darüber hat er sich so geärgert, daß er der ganzen

Klasse mit Nachsitzen gedroht hat, falls sich der *Lümmel*, der das getan hat, nicht freiwillig meldete. Aber trotzdem hat mich keiner verpetzt, weil sie alle fanden, daß der Spruch absolute Klasse war und total auf den Möller zutraf.«

Rieke setzte sich auf und trank, und dann brach sie plötzlich wieder in lautes Gelächter aus, weil ihr eine andere Geschichte eingefallen war. »Der Heinz Baumgartner«, sagte sie, »weißt du noch, wie der in der Zehnten mal ein Kondom an den Kleiderhaken gehängt hat? Und als die Weisberger, die alte Deutschschrulle, reinkam und das Kondom entdeckte, schrie sie aufgebracht: ›Tut das Ding sofort dort hin, wo es hingehört!‹ «

Rieke hielt sich vor lauter Lachen den Bauch und trommelte mit den Füßen aufs Bett. Aber plötzlich, wie aus heiterem Himmel, schlug ihre Stimmung ins Gegenteil um, und das Lachen verwandelte sich in Schluchzen.

»Weinst du?« fragte Laura.

»Nein«, schluchzte Rieke, »ich bin bloß plötzlich irgendwie so unglücklich.«

Laura stand auf und setzte sich zu ihr aufs Bett, strich ihr tröstend übers Haar und fragte: »Worüber denn, erzähl mir's.«

»Weil ich mein Leben an diesen verdammten Egoisten vergeudet habe! Und weil mir gerade einfiel, wie lange es schon her ist, daß ich so viel gelacht habe und daß es mir so gut ging!« Sie setzte sich auf und schneuzte sich. »Es ist schon so lange her, daß ich mich überhaupt nicht mehr dran erinnern kann!«

Laura nahm sie in die Arme. »Um so besser, daß du heute wieder damit angefangen hast«, sagte sie.

Rieke nickte, die Tränen begannen wieder zu laufen. »Und ich verspreche dir und mir und jedem, der es hören will«, schluchzte sie, »daß ich alles doppelt und dreifach nachholen werde! Gleich heute werde ich damit anfangen! Charly wird sich wundern, das mit der lieben, fügsamen braven Ehefrau ist ab jetzt ein für allemal vorbei!«

11. Kapitel

Sie nahmen nur ein leichtes Abendessen zu sich. Gegrilltes Kaninchen, Salat und Früchte zum Nachtisch. Dann machten sie sich auf einen kleinen Bummel durch Figueres, den Geburtsort Salvador Dalís, in dem es außer seinem Museum – einem ehemaligen umgebauten Theater – nicht viel Besonderes zu sehen gab. Das mächtige Castell de Sant Ferran war heute Gefängnis und deshalb nicht zu besichtigen, blieb also nur noch die Kirche St. Pere aus dem 14. Jahrhundert mit einer Fassade aus dem 16. Jahrhundert und zugegebenermaßen sehr schönen, neueren Fenstern, deretwegen sich aber ein Ausflug nach Figueres nicht lohnen würde. Die Stadt lebt und fällt mit dem ›Dalí-Theater‹, und dementsprechend ist sie ganz auf ihren berühmten Sohn eingestellt. Sogar in der Bar, in der die beiden Frauen nach einem halbstündigen Spaziergang landeten, hingen mehrere gerahmte Drucke Dalís, darunter eine skurrile Uhrenlandschaft und ein Selbstportrait mit hochgezwirbeltem Bart.

Sie setzten sich an die Bar, weil dort gerade ein Platz frei wurde und das Lokal im übrigen voll besetzt war, bestellten Sherry, eine Hausmarke, die ihnen der Barmann empfahl, und prosteten sich zu.

»Auf dein neues Leben in Fröhlichkeit, das du mit dem heutigen Tag anfangen willst!« sagte Laura, und Rieke: »Auf dein Haus im Lubéron und deinen Dr. Lenoit! Wirst du ein Verhältnis mit ihm haben?«

Laura schmunzelte: »Ein Verhältnis? Ja, ich glaube schon. Wenn er zärtlich im Bett ist, und das vermute ich eigentlich, und wenn er weiterhin ein so interessanter Gesellschafter bleibt wie bisher... aber eins werde ich ganz sicher nicht mehr tun!«

»Und das wäre?«

»Heiraten. Denn wenn die Liebe nur noch Qual ist, sollte man sich ohne viel Aufhebens verabschieden können.«

»Sie haben wohl schlechte Erfahrungen gemacht?« mischte sich da plötzlich eine Stimme ins Gespräch.

Laura fuhr herum und sah in zwei braune Augen, die sie eingehend musterten. Der Blick war ihr unangenehm, und sie hätte dem Mann bestimmt eine Abfuhr erteilt, wenn sich nicht plötzlich ein zweiter Mann ins Gespräch gedrängt hätte. An Rieke gerichtet sagte er:

»Wenn Sie ein neues Leben in Fröhlichkeit anfangen wollen, dann wäre dazu heute die beste Möglichkeit, denn mein Freund Rolf und ich haben vor, tanzen zu gehen und würden Sie beide gerne einladen.«

Rieke sah ihn erst stirnrunzelnd an, aber plötzlich strahlte sie und wandte sich an Laura. »Tanzen, das wäre schön! Was meinst du?«

Laura gefielen die Männer nicht, denn sie waren so offensichtlich auf Aufreißertour und gaben sich auch keine Mühe, das zu verbergen. Aber sie behielt es für sich, weil Riekes Augen so bettelten und sie ihr gerne den Gefallen tun wollte.

»Warum nicht«, war sie zögernd einverstanden und bereute es im nächsten Moment auch schon, denn prompt legte dieser Rolf einen Arm um ihre Taille, ganz so, als hätte er mit ihrer Zusage ein Besitzrecht auf sie erworben. Sie sah auf und ihn an und sagte ganz ruhig, aber sehr bestimmt: »Tanzen meinte ich, und sonst nichts! Ich sage das nur, damit die Fronten klar sind.«

Sofort zog er seinen Arm zurück, aber der Blick, mit dem er sie bedachte, war arrogant und siegessicher.

Der andere hieß Norbert. Sie kamen beide aus Nürnberg und machten seit ein paar Tagen in Castello d'Empúries Urlaub. Der Tanzschuppen, zu dem sie fuhren, lag etwas außerhalb von Figueres, und die beiden Männer schienen dort bereits bekannt zu sein. Rieke bestellte einen zweiten Sherry, Laura entschied sich für Bitter Lemon, denn sie zog es vor, nüchtern zu bleiben. Da war es 22 Uhr 45.

Um ein Uhr wurde Laura müde. Sie hatte inzwischen zweimal getanzt, drei Bitter Lemon getrunken und mehrere sehr plumpe Annäherungsversuche dieses Rolf abgewehrt, worauf er endlich begriff, daß er bei Laura nicht landen konnte und seine kostbare Zeit in ein anderes Opfer investierte. Eine junge Schwedin, die am Nebentisch saß und offensichtlich Gefallen an ihm gefunden hatte.

Alles in allem war es für Laura einer von jenen Abenden, die so unerfreulich und uninteressant waren, daß man sie schon beim Einschlafen vergessen hatte. Rieke hingegen schien sich bestens zu amüsieren. Sie hatte fast pausenlos getanzt. Wenn nicht mit Norbert, dann eben alleine, was Norbert allerdings dazu anspornte, mit ihr weiterzutanzen, denn er wollte sie ja zu einer kleinen Gegengefälligkeit verpflichten. Als die Musik dann leiser und Norberts Worte zärtlicher wurden, bekam Rieke rote Wangen und fiebrig glänzende Augen. Laura beobachtete das mit wachsendem Unbehagen und hoffte sehr, daß Rieke ihr ›neues Leben in Fröhlichkeit‹ doch noch ein paar Stunden aufschieben würde.

Um 1 Uhr 30 gab Laura Rieke ein Zeichen, daß sie müde sei und ins Hotel wolle, worauf Rieke sie aufforderte, mit ihr zur Toilette zu gehen.

»Ich werde diese Nacht mit Norbert verbringen«, sagte sie, »wir gehen in sein Hotel.«

»Du spinnst!« fuhr Laura auf. »Du kennst ihn doch gar nicht!«

»Daß ausgerechnet du moralische Bedenken haben könntest, hätte ich nicht gedacht«, antwortete Rieke spitz, »früher hast du doch auch keine Gelegenheit ausgelassen, dich zu amüsieren!«

Laura merkte an Riekes Zungenschlag, daß sie nicht mehr ganz nüchtern war. Sie nahm sie versöhnlich in den Arm. »Ich sag' das doch nicht aus moralischen Gründen, sondern weil ich um dich Angst habe. Ein fremdes Land, ein Mann, von dem wir nicht wissen, wer er ist und was er tut. Ich könnte kein Auge zutun!«

»Dann komm halt auch mit, Rolf würde sicher nicht nein sagen!«

»Nein, danke«, zischte Laura, »mit dem würde ich nicht mal mit Messer und Gabel bumsen!«

Sie sahen sich an, und plötzlich lachten sie wieder. Das hatten sie immer von ihrer Religionslehrerin gesagt: ›Wenn überhaupt, dann bumst die bestimmt bloß mit Messer und Gabel!‹

»Die heilige Gertrude!« riefen sie jetzt beide wie aus einem Mund, und als sie sich ausgelacht hatten, fragte Laura: »Ob die wohl noch lebt?«

»Bestimmt. Die war damals doch höchstens so alt, wie wir heute sind!«

Die Tür ging auf, und die Schwedin vom Nachbartisch kam herein. Sie legte ihr Täschchen auf den Waschtisch und fing an, sich umständlich die Lippen zu bemalen. Dabei geriet sie mit dem Stift über die Konturen hinaus und fluchte laut vor sich hin.

Laura grinste und wandte sich wieder an Rieke. »O. K.«, flüsterte sie, »fahr mit ihm; aber wenn ihr angekommen seid, dann ruf mich gleich an und gib mir den Namen und die Telefonnummer des Hotels durch.«

Rieke verdrehte die Augen. »Mein Gott, du bist ja schlimmer als Muttern! Aber wenn es dir so wichtig ist, na gut.«

Natürlich rief Rieke nicht an, und Laura tat wirklich die ganze Nacht kein Auge zu. Sie machte sich Vorwürfe, sie hätte sie doch zurückhalten sollen, aber schließlich war sie nicht Riekes Mutter und Rieke erwachsen und für sich selbst verantwortlich.

Als sie dann morgens gegen zehn Uhr mit dem Taxi ankam und Laura bat, es zu bezahlen, hatte Laura eine Wahnsinnswut im Bauch und knurrte irgend etwas von wegen, sie könne ihr den Buckel runterrutschen.

»Du brauchst mir das Geld ja nur zu leihen; es ist bloß, weil ich keine Peseten habe!« fuhr Rieke sie an.

»Aber das Geld ist mir doch egal!« schrie Laura zurück.

»Du hattest versprochen, anzurufen! Und ein Versprechen hält man!«

»Ich wollte ja, aber ich wußte nicht mehr, wie unser Hotel heißt, verdammt noch mal! Und außerdem finde ich dein Gluckenverhalten ziemlich beschissen!«

Laura riß den Mund auf, um etwas zu erwidern, aber dann schloß sie ihn ohne ein weiteres Wort, nahm ihre Geldbörse und ging hinunter.

Als sie wieder heraufkam, lagen zwanzig Mark auf ihrem Bett und Rieke war in der Dusche.

»Warum hat er dich denn nicht selbst hergefahren?« fragte Laura mit versöhnlicher Stimme, als Rieke mit nassen Haaren und einem Frotteetuch um den Körper gewickelt aus dem Badezimmer kam.

»Ich wollte es nicht.« Sie warf sich aufs Bett und verschränkte die Arme hinter dem Kopf. »Ich wollte einfach keine Minute länger mit ihm dieselbe Luft atmen.«

»War es so schlimm?«

»Noch schlimmer. Aber nicht deshalb, ich wollte einfach nur alleine sein und über einiges nachdenken. Ich habe nämlich etwas begriffen, als er so auf mir lag und sich einen abquälte – ich habe begriffen, daß ich Versäumtes nicht einfach nachholen kann. Die Jahre, die hinter mir liegen, die gehören genauso zu meinem Leben wie die Jahre, die noch vor mir liegen. Alles, was war, hat sich so ereignet, wie ich es zugelassen habe, und alles, was noch sein wird, wird so sein, wie ich es zulassen werde. Fazit«, Rieke warf sich herum und sah Laura an, »ich werde mich in Zukunft selbst um mein Wohl kümmern, statt darauf zu hoffen, daß Charly, Chris oder irgendein Norbert das für mich übernimmt.«

Laura grinste und verdrehte die Augen. »Himmel, ich hab' langsam das Gefühl, daß dies die reinste Selbstfindungstour ist. Und wo bleibt Salvador? Seinetwegen sind wir doch schließlich hier!«

»O je!« Rieke verschränkte beide Arme über dem Gesicht

und stöhnte theatralisch. »Bitte bloß keinen Mann mehr heute!«

Eine Stunde später standen sie vor der ehemaligen Bühne des Dalí-Theaters, über deren gesamte Breite eine von Dalí bemalte Leinwand gespannt war – das riesige Gemälde einer Frau, unter deren Brüsten ein Eingang nach der Art ägyptischer Tempel klaffte.

Laura schlug ihren Reiseführer auf und las Rieke daraus vor. »Das Teatre Museu Dalí ist genau das Gegenteil von dem, was man sich landläufig unter einem Museum vorstellt, eher einem Geisterkabinett vergleichbar, auf jeden Fall außerordentlich unterhaltsam. Es ist die Begegnung mit dem nahezu vollständigen Werk eines ungemein fantasievollen Künstlers, der zu unrecht als Exzentriker abgetan wird. Neben den Fresken und Riesengemälden sind es vor allem die Envirements, die verblüffen: Räumliche Arrangements, die den Besucher zu aktiver Beteiligung auffordern. Aber auch Schmuck, Dekorationen, Panoramen, Buchgrafiken sind zu sehen. Im obersten Stockwerk wurden Ausstellungsräume für junge katalanische Künstler eingerichtet... und so weiter und so fort.« Laura klappte das Buch zu, schob es in die Tasche und sah Rieke an. »Ich würde sagen, wir legen jetzt einfach mal los!«

»Eben.«

Laura begeisterten am meisten die Skizzen und Zeichnungen. Es faszinierte sie, sich vorzustellen, wie Dalí am Arbeitstisch saß und sein Bleistift übers Papier schraffte, wie sein genialer Kopf sich etwas ausdachte und sein Bleistift seinen Gedanken nachzuhetzen versuchte. Einmal hat einer gesagt: Kunst ist Müssen. Und genau so stellte sich Laura Dalí vor. Ein Mann, der gar nicht anders konnte, der einfach zeichnen, malen, seine Umgebung dekorieren und umgestalten mußte.

Rieke hingegen stand lange und fasziniert vor einem makabren Arrangement. Hinter Glasscheiben sah man ein im Wasser versunkenes Auto, in dem drei lebensgroße Wachspuppen saßen – die Szene einer fröhlichen Fahrt mit Champagner und Picknick, die in irgendeinem Fluß endete. Da saßen sie, tot und ertrunken, und doch sah es aus, als wäre gar nichts Schlimmes passiert. Die Frau schien sogar zu lächeln!

»Es ist gruselig«, sagte sie zu Laura, »aber irgendwie hat es auch etwas Tröstliches, denn man hat den Eindruck, als bliebe nach dem Tod einfach alles so bestehen, bis eines Tages, wie bei Dornröschen, ein Prinz kommt und durch seinen Kuß die ganze Szene wieder zum Leben bringt. Und dann entdecke ich noch eine andere Botschaft in diesem Arrangement, die sagt: Verschenke keine Sekunde deines Lebens, denn in der nächsten kann alles schon zu Ende sein!« Sie drehte sich zu Laura um. »Es ist doch irgendwie schade, daß dein Mann nicht mitgekommen ist, denn es hätte ihm vielleicht zu denken gegeben.«

»Er wäre hier keinen Moment stehengeblieben. Er hätte es übersehen, oder es hätte ihn die Wut gepackt, und er hätte mir die Laune verdorben. Aber weißt du, es interessiert mich auch gar nicht mehr. Es ist nicht mehr unser, es ist nur noch sein Leben, und damit kann er machen, was er will.«

Als sie das Museum verließen, war es Mittag, und sie gingen zum Essen. Sie fanden einen freien Tisch in einem Gartenrestaurant unter einer schattigen Weinlaube und studierten ausgiebig die Karte. Unter Spezialitäten entdeckte Laura gegrillte Stierhoden und behauptete, das sei eine echte Delikatesse, aber Rieke wehrte lachend ab. Von Hoden hätte sie einstweilen wieder genug, und essen wollte sie diese edlen Teile schon gleich gar nicht. Also bestellten sie eine Paella, Weißwein und Wasser und ließen es sich schmecken.

Anschließend holten sie ihr Gepäck aus dem Hotel und machten sich auf die Heimfahrt. Laura schlug vor, die Küstenstraße zu nehmen.

»Das ist eine wunderschöne Strecke, aber wir sind ein paar Stunden länger unterwegs. Vor Mitternacht sind wir dann ganz sicher nicht in der ›Au Bouquet Lavande‹ zurück, und vielleicht ist um diese Zeit schon alles abgeschlossen.«

»Die de Burgers spielen doch sicher noch Karten! Außerdem könnten wir ja auch anrufen und Bescheid sagen.«

»Oder wir übernachten noch einmal. Irgendwo an der Küste. Zum Beispiel in Port Vendres oder Argèles-Plage. Dann wären wir morgen mittag zu Hause.«

»Und was sage ich Charly? Der frißt mich!«

Laura zuckte mit den Schultern. »Dann beiß eben endlich mal zurück.«

Als sie das kleine Tal durchfuhren und einen ersten Blick auf die ›Auberge Au Bouquet Lavande‹ werfen konnten, lag sie wie schlafend im flimmernden Licht der Mittagshitze. Die Fensterläden waren alle geschlossen, am Swimmingpool war niemand zu sehen, nur die Autos, die unter den Krüppeleichen parkten, verrieten, daß Menschen anwesend waren. Das Auto von Charly war allerdings nicht zu sehen, worüber Rieke einerseits erleichtert war, denn so hatte sie noch Zeit, bevor sie sich mit ihm auseinandersetzen mußte, andererseits aber ärgerte es sie. Wo war er schon wieder? Bei Marie? In Apt in einem der Cafés?

Als sie vor dem Haus stoppten, kam Madame Constant heraus, um sie zu begrüßen. »Hatten Sie eine schöne Zeit?« erkundigte sie sich in ihrer freundlichen Art.

»Ja. Wir haben viel gesehen und viel erlebt«, antwortete Rieke und lachte Laura zwinkernd zu.

»Das freut mich.« Madame Constant wandte sich an Laura. »Dr. Lenoit hat angerufen. Er läßt Ihnen ausrichten, daß alles vorbereitet ist und er Sie heute um 15 Uhr abholen wird, um mit Ihnen nach Aix zu fahren.«

Laura bedankte sich für die Auskunft, die beiden Frauen nahmen ihre Reisetaschen und folgten Madame Constant ins Haus. Dort gab sie Rieke den Zimmerschlüssel und sagte zu Laura: »Ihr Schlüssel ist droben. Ihrem Mann scheint es nicht gut zu gehen.«

Sie gingen hinauf. Oben an der Treppe blieben sie stehen. »Danke, daß du mitgekommen bist«, sagte Laura zu Rieke und küßte sie rechts und links auf die Wange. »Es war schön mit dir. Und was Charly betrifft: Laß dich nur nicht unterkriegen.«

»Worauf du dich verlassen kannst!« Rieke grinste.

»Also denn, bis spätestens beim Abendessen.« Laura winkte und ging die Treppe hinauf in den zweiten Stock.

Laura öffnete leise die Tür. Das Zimmer war dunkel, nur quer über das Bett fiel ein schmaler Lichtstreifen, der durch den Spalt zwischen den Fensterläden schimmerte. Steffen lag da, als hätte er sich in den zwei Tagen ihrer Abwesenheit keinen Zentimeter gerührt. Er trug denselben Pyjama, und auf dem Nachttisch stand noch immer ein Glas Wasser, daneben lagen sein Ledermäppchen mit den Medikamenten und ein Päckchen Taschentücher.

Laura setzte sich an den Rand des Bettes.

»Du bist wieder zurück?« fragte Steffen.

»Ja«, antwortete Laura.

»Hattest du Spaß?«

»Ich werde dich verlassen, Steffen.«

Er drehte sich um und sah sie überrascht an. »Ein anderer Mann? Dieser Lenoit etwa?«

Sie schüttelte den Kopf. »Es ist deinetwegen. Ich will so nicht mehr leben. Nicht mehr so halb, so am Leben vorbei... im Gegensatz zu dir hab' ich noch so viele Pläne! Wer sagt denn, daß mit vierzig alles vorbei ist? Da fängt es doch gerade erst an! Aber du kränkelst vor dich hin und nimmst mir dabei allen Elan. Ich will noch ein paar von meinen Träumen verwirklichen. Zum Beispiel noch mal Pferde haben, kleine Fohlen über die Weiden toben sehen, mein Buch über die Madonnenbildnisse herausgeben, reisen, und dann das Haus in Südfrankreich, von dem wir früher so oft gesprochen haben... ich habe es gefunden, oder sagen wir, es ist mir quasi in den Schoß gefallen. Hier in der Nähe, zehn oder elf Kilometer Richtung Aix. Ich werde es heute kaufen, alles ist schon vorbereitet.«

Steffen setzte sich auf. »Und du willst dich scheiden lassen?«

Laura zuckte mit den Schultern. »Es ist nicht wichtig für mich, ob wir geschieden sind oder weiter als verheiratet gelten. Mir reicht die Trennung. Ich werde die Praxis an Johannes verpachten und später vielleicht verkaufen, und dann werde ich hier in meinem Haus leben und mich mit den Dingen beschäftigen, die mir lieb und wertvoll sind. Ich hätte das längst tun sollen!«

Steffen griff ihre Hand und drückte sie. Es war keine Geste, die sie bewegen sollte, ihre Entscheidung nochmals zu überdenken, es war eher die eines Vaters, der seiner Tochter Glück für ihr weiteres Leben wünschte, wenngleich er auch bedauerte, daß sie ihn verließ.

»Mir wäre es lieber, du würdest dich nicht scheiden lassen«, sagte er. »Bleiben wir Eheleute mit zwei Wohnsitzen. Bleiben wir Freunde.«

Laura sah ihn an und nickte. »Ja, bleiben wir Freunde«, sagte sie, und dann nahm er sie in den Arm und hielt sie fest. Zum ersten Mal seit langer Zeit waren sie sich wieder nahe.

Charly kam erst gegen 23 Uhr in die Pension zurück. Rieke hatte sich gerade hingelegt und das Licht gelöscht. Er knipste es wieder an, stellte sich vors Bett, schob die Hände in die Hosentaschen und starrte sie an.

»Hallo«, sagte sie schwach und setzte sich auf.

»Hallo – das ist alles, was du zu sagen hast?«

»Ich bitte dich, behandle mich nicht wie ein kleines Kind, ich bin schließlich nicht deine Tochter.«

»Ganz recht, du bist meine Frau. Und meine Frau treibt sich nicht einfach tagelang mit wer weiß wem irgendwo herum, ohne mir davon ein Sterbenswörtchen zu sagen!«

»Zwei Tage«, verbesserte sie ihn. »Ich war zwei Tage mit Laura in Spanien und keineswegs irgendwo. Und ich habe dir das schriftlich mitgeteilt, nachdem du für mich schon seit geraumer Zeit nicht mehr erreichbar warst, weil nämlich du dich mit wer weiß wem irgendwo herumtreibst!«

Sie sah ihn haßerfüllt an.

»Das heißt, ich weiß natürlich durchaus, wo du bist und was du tust! Ich bin ja nicht blöd, auch wenn du das offensichtlich glaubst.«

Rieke stand auf, warf sich ihren Bademantel über und postierte sich vor Charly. »Außerdem habe ich euch vor einigen Tagen gesehen. Glücklich und verliebt zu Pferde am Waldrand in der Nähe der Römerbrücke. Ihr habt Händchen gehalten und euch geküßt! Würde mich bloß interessieren, was Maries Mann dazu sagt? Nimmt er das etwa auch so schweigend hin wie ich?«

»Ach was, du dramatisierst die Dinge wieder einmal. Ich helfe Marie im Stall... ich fühle mich dort wohler als hier unter all diesen feinen Pinkeln.«

»Du hilfst Marie im Stall, du küßt sie und schläfst mit ihr und tröstest sie über die Tatsache hinweg, daß ihre Ehe eine Scheißehe ist!« schrie Rieke, besann sich dann aber auf die Tatsache, daß es bereits nach elf Uhr war und zischte leise: »Bloß wer tröstet mich über die Tatsache hinweg, daß ich auch eine Scheißehe führe? Mit einem Kerl, der mich schon seit fast zwanzig Jahren betrügt und belügt! Der sich über meine einzige Freundin hergemacht hat und mir weismachen wollte, sie hätte ihn dazu aufgefordert! Und der mich sogar hier, tausend Kilometer von zu Hause, auf einer Reise, die mein Geburtstagsgeschenk sein soll, noch hintergeht! Wer hält denn mir bei all dem Frust das Händchen?« Aufgebracht schnappte sie nach Luft und starrte dabei in das versteinerte Gesicht ihres Mannes. »Was, Charly Leyendecker«, fragte sie, »hab' ich dir getan, daß du so mit mir umgehst?«

Rieke hatte mit allem möglichen gerechnet: mit Beschimpfungen, mit seinem blinden Haß, den er ihr überstülpen würde, mit einer Ohrfeige vielleicht sogar – aber nicht mit dem, was dann passierte. Charly ging zur Tür. Die Türklinke schon in der Hand, drehte er sich zu ihr um, sah sie lange und traurig an und sagte ganz ruhig:

»Du hast mir nichts getan, im Gegenteil, du warst das Beste, was mir in meinem Leben passiert ist. Ich habe es immer wieder versucht, aber ich kann einfach nicht... ich kann dich nicht lieben.«

Und damit ging er, schloß die Tür hinter sich und ließ eine völlig verwirrte Rieke zurück.

12. Kapitel

Nach ihrem Gespräch mit Steffen war Laura hinuntergegangen, hatte sich in den Kräutergarten gesetzt und gewartet. Wenn sie jemand gefragt hätte, auf wen oder auf was sie wartete, hätte sie wohl geantwortet: »Auf Pascal Lenoit.«

Aber das war es nur vordergründig. In Wahrheit wartete sie auf nichts Besonderes und gleichzeitig auf alles. Sie wartete darauf, daß es zum Beispiel einen Knall gäbe und ihr ganzes Leben mit einem Mal anders wäre, denn schließlich mußte es sich doch irgendwie äußern, daß sie sich soeben von ihrem Mann getrennt und mit einem Schlag ihr ganzes, fast vierzigjähriges, eingefahrenes, festgefahrenes, braves Bürgerleben aufgegeben hatte? Es mußte doch außen oder innen irgend etwas sichtbar werden! Ein Stern vom Himmel fallen, die Sonne andersherum laufen oder ihr Herz in einem neuen Rhythmus schlagen! Und wenn schon alles das nicht passierte, dann mußte sie sich doch wenigstens freuen! Glück verspüren, lachen oder vor Erleichterung weinen! Aber nichts von all dem passierte, ihr war seltsam gleichgültig zumute.

So vergingen fast zwei Stunden, bis Pascal kam. Er stoppte unter den Krüppeleichen, hupte zweimal kurz, stieg aus und lehnte sich gegen die Tür seines Wagens. Es war heiß um diese Zeit, fast 40 Grad im Schatten, und im Auto zu sitzen war fast unerträglich.

Laura stand auf und ging hinaus vor das Gartentor, kam vorbei an bienenumsurrtem Lavendel, an Rosmarinsträuchern, Wermutkraut und Estragon.

Als sie den Estragon sah, dachte sie plötzlich an Samuel Becketts ›Warten auf Godot‹.

Am Ende fragte Wladimir: *»Also? Wir gehen?«*

Estragon antwortet: *»Gehen wir!«*

Aber in der Regieanweisung steht: *Sie gehen nicht von der Stelle.*

Unterwegs nach Aix erzählte Laura Pascal von ihrer seltsamen Zerrissenheit und von diesen Sätzen aus Becketts Theaterstück, die ihr eben in den Sinn gekommen waren.

»Sie passen so zu mir. Die Ereignisse sind losgegangen, aber ich fühle mich, als bewegte ich mich nicht von der Stelle.«

Pascal lächelte. »Es wird später kommen, wenn du gar nicht mehr daran denkst«, sagte er.

»Was meinst du?«

»Na, die Freude, die Erleichterung – eben das, worauf du jetzt so gespannt wartest. Wenn du gar nicht mehr daran denkst, wirst du plötzlich in Lachen ausbrechen oder in Tränen.« Er nahm ihre Hand und drückte sie zärtlich. »Weißt du übrigens, daß Samuel Beckett zwei Jahre lang hier in der Nähe gelebt hat?«

»Nein. Ich weiß, daß er im Krieg nach Südfrankreich geflohen ist... aber ich wußte nicht, daß das hier im Lubéron war.«

»Nicht im Lubéron, sondern im Vaucluse. In Richtung Roussillon, nicht weit von Apt entfernt, steht an einer Kreuzung ein Haus, das von einer Mauer aus Feldsteinen umzäunt und von einem mächtigen Baum beschattet wird. Dort lebte von 1942 bis 1944 Samuel Beckett. Er arbeitete als Tagelöhner bei Monsieur Aude und Monsieur Bonelli, beides Weinbauern und Männer mit einem ausgeprägten Gerechtigkeitssinn. Mein Vater kannte Bonelli gut, er war mit einem seiner Cousins verschwägert und behandelte in Krankheitsfällen die Familie. Und so kam es, daß er auch Monsieur Bekkett und seine Frau einmal kennenlernte, als Madame Bekkett eine schlimme Ohrenentzündung hatte und ärztliche Hilfe brauchte.«

»Ach...«, sagte Laura und sah Pascal erstaunt an. »Das alles ist ja sehr interessant. In ›Warten auf Godot‹ erinnert Wladimir Estragon daran, daß sie doch in Vaucluse, genauer bei einem Monsieur Bonelli in Roussillon, bei der Weinlese mitgeholfen hätten. Dann entspricht das also sogar den Tatsachen? Beckett selbst... der berühmte Dichter und Theaterautor als Hilfsarbeiter im Weinberg des Monsieurs Bonelli!« Laura schüttelte den Kopf. »Es ist mir irgendwie schwer vorstellbar!«

»Und doch war es so. Es gibt Tagebuchaufzeichnungen meines Vaters – wenn du willst, kann ich sie dir einmal zeigen –, in denen er von einem Elie Blanc berichtet, der ›Président du Syndicat d'Initiative de Roussillon‹ war und zusammen mit seinen Freunden verfolgten und in Not geratenen Menschen half; unter anderem eben auch den Becketts. Du mußt wissen, daß während des Krieges Roussillon so etwas wie ein Sammelpunkt der Geächteten war, wozu damals ja vor allem jüdische Familien gehörten. Eines Abends, es war Winter 1942, wurde Elie Blanc benachrichtigt, daß wieder ein Ehepaar angekommen sei, diesmal irische Juden, die ihm dann als Samuel Beckett und Frau vorgestellt wurden. Was sie brauchten, war ein Dach über dem Kopf und Arbeit, ganz gleich welcher Art. Elie und seine Freunde kümmerten sich darum und verbrachten später auch häufig die Abende bei den Becketts.

Das Haus auf dem Hügel knarrte, wenn der Mistral es schüttelte, der große Baum peitschte seine Äste gegen die Fenster, die Türen quietschten, und im Winter saßen sie, trotz des Feuers, das im Herd brannte, frierend da und behielten ihre Mäntel an. Meist führte Madame Beckett die Unterhaltung und Beckett selbst, erschöpft von der harten und ungewohnten Landarbeit, starrte nur stumm in die Flammen. Manchmal sprach er davon, was nach dem Krieg sein würde und was er dann alles schreiben würde, aber er sprach nie davon, wie er sich gerade fühlte. Er lebte nur auf die Zukunft hin, das Jetzt ertrug er still und schweigend. Madame indessen spielte, um ihre Gäste zu erheitern, ›Les Roses de Picardie‹ oder ›das Lied von dem kleinen grauen Haus auf dem Hügel‹.

In den ersten Septembertagen des Jahres 1944 verließen die beiden Roussillon. Elie und mein Vater halfen ihnen, ihr armseliges Gepäck auf einen Wagen zu laden. Beckett gab Elie die Hand, sagte:

›Ich habe viel gelitten hier, nicht durch die Schuld der Leute, sondern durch die Schuld des Schicksals. Ich werde nie vergessen, was Sie zusammen mit Ihren Freunden für mich getan haben, aber ich werde nie wiederkommen.‹

Und er hielt dieses Versprechen auch. Wenigstens haben ihn weder Elie noch mein Vater je wiedergesehen.«

»Das ist eine traurige Geschichte«, sagte Laura, und plötzlich hatte sie das Bedürfnis, sich anzulehnen. »Könntest du bitte anhalten?« fragte sie.

Pascal stoppte, ohne zu fragen weshalb. Sie standen oben auf einem Hügel. Der Blick ins Tal war sonnenblumengelb, der Himmel über ihnen tiefblau und am Horizont zeigte sich dunkelgrau ein langgestrecktes Bergmassiv. Eine Weile saßen sie einfach nur da und ließen sich von der Landschaft bezaubern, doch dann legte Pascal plötzlich einen Arm um Laura und küßte sie; und da konnte sie endlich weinen.

Die Kanzlei des Maître Abbé lag in einem dunklen, kühlen Haus mitten in der Altstadt. Als sie durch das große steinerne Tor traten, hielt Pascal Laura an der Schulter fest und drehte sie um.

»Schau, dort das Haus schräg gegenüber, das war das Haus von Mirabeau.«

»Du meinst den berühmten französischen Staatsmann und Präsidenten der Nationalversammlung, der so redegewandt war, daß er ganze Massen bewegen konnte?«

»Richtig. Man könnte sagen, er war der Wortführer der Revolution. Hier hat er einmal gewohnt. Ich erinnere mich noch gut an eine Geschichte, die mir passierte, als ich zwölf Jahre alt war. Ein Onkel aus Straßburg kam zu Besuch, und ich führte ihn durch Aix. Nachdem wir eine Weile herumgelaufen waren, fragte er mich, wo das Haus von Mirabeau sei, aber ich wußte es nicht. Ich wußte noch nicht einmal, wer dieser Mirabeau überhaupt war! Und das fand ich sehr schlimm, denn ich liebte diesen Onkel und wollte unbedingt gut vor ihm dastehen. Er sah mir die Verzweiflung wohl an, jedenfalls lächelte er plötzlich, fuhr mir übers Haar und sagte: ›Macht nichts, Junge, als 1851 der damals sehr bekannte Publizist Moritz Hartmann hier war und den Einwohnern von Aix dieselbe Frage stellte, wußte es ihm auch niemand zu sagen.‹

Für den Moment war ich getröstet, aber in Zukunft paßte ich in Geschichte auf, und bald begann ich sogar, mich dafür zu interessieren. Fast zehn Jahre später, als ich zwanzig war und mich für einen Beruf entscheiden mußte, schwankte ich lange zwischen dem Studium der Geschichte und dem Medizinstudium hin und her.«

Laura lächelte.

»Geschichtsprofessor, das hätte dir sicher auch gestanden, denn im Geschichte- und Geschichtenerzählen bist du erste Klasse – aber ich bin trotzdem froh, daß du dich für die Medizin entschieden hast!«

»So? Warum denn?«

»Na, sonst hätten wir uns wahrscheinlich nicht kennengelernt.«

»Stimmt, daran hatte ich gar nicht gedacht.« Er nahm sie bei der Hand, küßte sie und ging mit ihr hinauf in den zweiten Stock.

Die Kanzleivorsteherin führte sie in ein Wartezimmer und entschuldigte sich. »Leider dauert es noch ein paar Minuten. Wenn Sie eine Zeitung möchten...«

»Nicht nötig«, bedankte sich Pascal, und als Madame Lemeur die Tür hinter sich zugezogen hatte, sagte er zu Laura: »Wenn es dich interessiert, es gibt da noch eine etwas delikate Anekdote über den jungen und etwas ungestümen Mirabeau.«

Laura grinste frech. »Delikate Storys interessieren mich natürlich immer!«

»Also. Da gab es um die Mitte des achtzehnten Jahrhunderts ein Fräulein von Marignane. Sie hatte zwei zu große Eckzähne, war aber in Aix die beste Partie, um die der gesamte heiratsfähige Adel der Stadt warb. Mirabeau, vom Adel nie wirklich angenommen, hatte eigentlich keine Chance. Aber ungestüm, wie er nun eben einmal war, erwarb er sich das Fräulein auf seine Art. Er fand eines Abends Zugang ins Haus des Herren von Marignane und zeigte sich in der ganzen Pracht seiner Männlichkeit am Fenster des Gemaches der jungen Dame.«

»Du meinst nackt?«

»Genau. Nackt!«

Laura lachte. »Damit war die Dame natürlich kompromittiert, und die Hochzeit konnte nicht nur, sie mußte sogar stattfinden!«

»Gut kombiniert. Aber schon wenige Jahre später wurde sie wieder geschieden, und das war in Aix ein sehr großes Ereignis. Eine Ehe vor Gericht! Heute würde danach kein Hahn krähen, aber damals...«

Die Tür ging auf, und ein Mann in Pascals Alter kam auf sie zu. Er umarmte und küßte Pascal, Laura küßte er die Hand. »Sie sind das also, die dieses wunderbare Haus bekommt? Ich sage Ihnen, das hätte ich gut und gerne zehnmal verkaufen können, denn heutzutage werden einem solche Projekte geradezu aus der Hand gerissen!«

Laura lächelte. »Um so schöner für mich, daß ich so viel Glück hatte.«

»Nun ja, ich vergönne es Ihnen ehrlichen Herzens.«

Der Notar ging voraus in sein Amtszimmer und bot den beiden einen Stuhl an, dann verlas er den Kaufvertrag für das Haus und die Überschreibung der Kaufsumme an ein Marseiller Waisenhaus. Dann war es endlich soweit; Laura öffnete ihren Füller, sah Pascal an, lächelte und setzte ihre Unterschrift unter die Urkunde. Pascal setzte seine daneben, dann zeichneten Madame Lemeur und Maître Abbé, und damit war Lauras Schritt in ein neues Leben endgültig besiegelt.

»Und jetzt?« fragte Pascal, als sie wieder auf die Straße traten.

Ein Moped fuhr vorbei, der Auspuff krachte, und ein paar Tauben stoben vom Dach des Hauses Mirabeau. »Und jetzt«, Laura sah ihn an und lächelte glücklich, »jetzt lade ich dich auf ein Glas Sekt ein!«

13. Kapitel

Madame Constant hatte für den Abend ein großes Abschiedsessen arrangiert, denn außer Frau Dietberg und ihrer Tochter Judith wollten am nächsten Morgen alle abreisen. Die de Burgers zurück nach Amsterdam, die Leyendeckers wieder zu ihren Pferden, das Ehepaar Reims nach Köln. Dafür würden Leute aus Straßburg kommen. Ein junges Ehepaar mit zwei Kindern und den Großeltern.

Madame Constant bedauerte diesen Wechsel nicht. In den letzten Tagen waren die Spannungen zwischen Charly Leyendecker und seiner Frau und zwischen dem Ehepaar Reims noch drückender geworden. Letzte Nacht gab es sogar einen lauten Streit aus Zimmer 6, worüber sich Frau Dietberg, die gleich nebenan wohnte, am nächsten Morgen natürlich bitterböse beschwerte.

Madame Constant hatte in all den Jahren, in denen sie nun schon ihre Pension leitete, so manches erlebt, darunter auch Ereignisse, die sie an den Rand der Verzweiflung brachten. Aber früher, da hatte sie das alles viel müheloser weggesteckt, hatte einfach freundlich gelächelt und so getan, als sei nichts passiert. Nur einmal, als ein Vater seine vierzehnjährige Tochter blutig prügelte, weil sie sich mit Marie Chantals damals sechzehnjährigem Bruder getroffen hatte, war sie dazwischengegangen und hatte den Mann aufgefordert, sofort das Haus zu verlassen.

So waren die Jahre verstrichen, und Madame Constant hatte in der Auberge ›Au Bouquet Lavande‹ so manches Schicksal seine Weichen stellen sehen. Ehepaare, die sich trennten, Liebespaare, die hier zusammengefunden hatten, Kinder, die um ein bißchen Liebe bettelten, Mütter, die an ihnen verzweifelten, sogar ein tödlicher Unfall am Swimmingpool war einmal passiert. Aber immer hatte sich die Welt einfach weitergedreht, hatte die Zeit alles vergessen gemacht, bis die nächsten Gäste kamen und ein neues Stück spielten.

Während Madame Constant über dieses ewige Wechselspiel nachdachte und sich dabei die Nase puderte, klopfte es an ihre Zimmertür.

Es war Michelle. »Dr. Lenoit ist da«, sagte sie und deutete auf Pascale, der hinter ihr stand.

»Kommen Sie nur herein, Doktor«, sagte Madame Constant und ging mit ausgestreckten Armen auf ihn zu.

»Wie geht es Ihnen?«

»Bis auf das alte Leid ganz gut«, antwortete Madame Constant. Sie setzte sich und reichte Pascal die linke Hand, die vom Rheuma schon etwas verkrüppelt war.

Er nahm eine Salbe und fing an, die Hand zu massieren. Es war ein Freundschaftsdienst, den er Madame Constant schon seit vielen Jahren leistete, und dabei erzählte er ihr die neuesten Geschichten aus Apt, Roussillon und Bonnieux.

»Sie sollten einmal wieder bei Madame Martin vorbeikommen, das hat sie mir letztens ausgerichtet, als ich nach ihrem Bein sah.«

»Geht es ihr schon besser?«

»Eher schlechter. Sie hat keinen Lebensmut mehr, da hilft die beste Medizin nichts!«

»Und Claire?«

»Sie hat gestern einen Sohn geboren. Er ist fast acht Pfund schwer und erfreut sich bester Gesundheit.«

»Ah, da wird sich André aber freuen!«

»Und wie er sich freut! Ich war heute nachmittag bei ihm, weil ihm der vor lauter Freude zu reichlich genossene Pastis auf Magen und Leber geschlagen hatte. Zu fünft haben sie am Abend zuvor zwei Meter Pernod getrunken, das hält nicht mal André aus!«

Madame lachte. »Vielleicht wird er ja jetzt, wo er Vater ist, vernünftiger«, sagte sie, aber das bezweifelte Pascal.

»Und das Haus von Madame Dupont? Ist es schon verkauft worden?«

Pascal sah sie an. »Wissen Sie es noch nicht?«

»Was soll ich wissen?«

Er wandte sich wieder ihrer Hand zu und massierte etwas kräftiger.

»Na, nun machen Sie schon! Eine alte Frau so auf die Folter zu spannen, das ist nicht fair.«

»Madame Reims hat es gekauft. Ich dachte, sie hätte es Ihnen vielleicht erzählt. Darum waren wir doch gestern in Aix beim Notar.«

»Nein, das hat sie mir nicht erzählt. Was wird sie mit dem Haus machen? Es als Ferienhaus herrichten?«

»Sie wird darin wohnen. Sie will in der Provence bleiben.«

Madame Constant öffnete den Mund, dann schloß sie ihn wieder, ohne etwas gesagt zu haben und entzog Pascal ihre Hand. »Daran sind Sie natürlich nicht wenig beteiligt, vermute ich?«

Er lächelte. »Nur ein ganz kleines bißchen.«

Madame Constant stand auf und legte sich ihr Schultertuch um. Dann hakte sie sich bei Pascal ein und sagte lachend: »Also, dann begleiten Sie mich nach unten. Natürlich bleiben Sie zum Essen... und keine Widerrede!«

Das hatte Pascal auch gar nicht vorgehabt. Er bedankte sich für die Einladung.

Sie gingen den Flur entlang und die Treppe hinunter, und Madame Constant machte ihm den Mund wäßrig. »Es gibt Muscheln in Speckringen auf Spießen gegrillt, verschiedene Salate, in Kräutern geröstetes Weißbrot mit einer tapénade aus Spargel, Pilzen, Knoblauch und Oliven, *lapin aux courgettes* mit Gurken, Knoblauch, Thymian, Rosmarin und Lorbeer, Obst, Käse und Anistörtchen nach Art meiner Großmutter. Dazu selbstverständlich verschiedene Liköre und schwarzen Kaffee.«

Sie waren unten angekommen, und Pascal hielt Madame Constant die Tür zum Kaminzimmer auf.

»Guten Abend«, wünschte Madame Constant. Die de Burgers und Rieke saßen am Fenster, sonst war noch niemand da. »Wird Ihr Mann heute mit uns essen?« fragte sie, als Rieke aufsah und sie mit einem Lächeln begrüßte.

»Nein. Er ist schon nachmittags nach Apt gefahren und wird wohl erst spät zurück sein.«

Madame Constant nickte. Dann brauchte sie auch kein zusätzliches Gedeck für Dr. Lenoit auflegen lassen. Sie ging in die Küche und bat Michelle, die Aperitifs zu servieren. Als sie wieder zurückkam, waren auch Laura und Steffen Reims da. Sie standen bei Pascal Lenoit und unterhielten sich über Geschichte.

»... aber niemand macht der Republik einen Vorwurf deswegen. Alle Handbücher der Weltgeschichte sind nie etwas anderes gewesen als Propagandatexte im Dienst der jeweiligen Regierung«, sagte Pascal.

Steffen bestätigte diese Meinung. »Nirgends wird so ausführlich manipuliert wie in der Geschichtsschreibung. Das läßt sich belegen, und doch weigert man sich, es zu glauben. Denn würde man es glauben, wäre man bis in alle Grundfesten hinein erschüttert. So sind wir Menschen, wir wollen die Dinge so sehen, wie sie in unser Konzept passen.«

Michelle kam mit einem Tablett und bot den Aperitif an. Laura nahm ein Glas Rosé und erzählte von einem Bericht über das französische Schulwesen des auslaufenden neunzehnten Jahrhunderts, den sie zufällig heute vormittag in Madame Constants Bibliothek entdeckt und gelesen hatte. Da behauptete ein durchaus intelligenter Pfarrer, dessen Nächstenliebe vor nichts und niemandem zurückschreckte, die Heilige Inquisition stellte so eine Art Familienrat dar. Er vertrat ernsthaft die Meinung, wenn die Prälaten so viele Juden und Gelehrte verbrannten, so taten sie es mit Tränen in den Augen und nur, um ihnen einen Platz im Paradies zu sichern.

An dieser Stelle ging die Tür auf, und Elisabeth Dietberg kam mit ihrer Tochter Judith herein. Die Gespräche verstummten sofort, die Kälte, die mit dieser Frau ins Zimmer wehte, war körperlich spürbar.

»Möchten Sie einen Aperitif?« fragte Madame Constant freundlich.

»Ich trinke keinen Alkohol.«

»Aber wir haben auch Aprikosensaft, Zitrone oder eisgekühlten Pfefferminztee.«

»Außerdem würde Ihnen ab und zu ein Tropfen Alkohol bestimmt nicht schaden«, sagte Theo de Burger und lächelte honigsüß. Alle wußten, wie er das meinte, auch Elisabeth Dietberg selbst hörte den spitzen Unterton heraus. Sie antwortete nicht, fuhr statt dessen ihre Tochter an, die schüchtern um ein Glas Aprikosensaft bat und schon die Hand nach dem Glas ausgestreckt hatte.

»Unverdünnt schmeckt das Zeug doch gar nicht, und außerdem ist es viel zu süß und damit ungesund!«

Judith zog sofort ihre Hand zurück und ging mit gesenktem Kopf ins Eßzimmer hinüber.

»Na dann«, sagte Madame Constant und versuchte ein Lächeln, »wenn Sie alle soweit sind, können wir zu Tisch gehen.«

Als sie sich alle gesetzt hatten und Michelle die Vorspeise servierte, kam das Gespräch nur schwer wieder in Gang. Theo de Burger sprach Madame Constant ein Lob aus: »Die Muscheln in Spreckringen schmecken wirklich vorzüglich!« sagte er und küßte seine Fingerspitzen. »Einfach superb!«

Elisabeth Dietberg, die ihm gegenübersaß, sah ihn an und zog mißbilligend eine Augenbraue hoch. »Ich finde, es ist viel zuviel Knoblauch dran!«

»Man kocht hier in der Provence nun mal mit viel Knoblauch. Knoblauch und Gewürze machen die provenzalische Küche aus«, antwortete Theo de Burger.

»Aber wir Deutschen sind nicht daran gewöhnt, darauf sollte doch Rücksicht genommen werden.«

»Weshalb, Frau Dietberg, sind Sie dann hierhergekommen, wenn Sie doch alles viel lieber so haben wollen, wie es zu Hause ist?« fragte Theo mühsam beherrscht.

»Wegen meiner Tochter, und weil ihr das Klima hier guttut. Wenigstens behaupten die Ärzte das. Und man muß das dann ja glauben.« Elisabeth Dietberg sah ihn kalt an.

Um das Gespräch in eine unverfängliche Richtung zu lenken, wandte sich Laura an Pascal und fragte ihn nach der Bedeutung der Abkürzung ›OC‹.

»Auf unserer Fahrt nach Spanien haben Rieke und ich diese beiden Buchstaben zwei- oder dreimal auf irgendeine Mauer gesprüht entdeckt«, erzählte sie, »konnten uns aber keinen Reim drauf machen.«

»Und einmal stand sogar darunter: ›Das Land will leben‹ «, fügte Rieke an.

Pascal nickte: »O.C. bedeutet Okzitanien.«

»Okzitanien? Was ist das?«

»Ganz einfach – etwas mehr als die Hälfte von Frankreich. Es umfaßt die Auvergne, das Limousin, die Guyenne, die Gascogne, das spanische Val d'Aran, das Languedoc, die Provence, die südliche Dauphine und die piemontesischen Alpentäler. Und in all diesen Landstrichen wird, wenigstens von einigen Leuten, immer noch die langue d'oc gesprochen, die Sprache Okzitaniens. Und das, obwohl sie bereits zu Anfang des Jahrhunderts offiziell verboten wurde!«

»Aber warum hat man den Leuten denn ihre Sprache verboten?« fragte Judith Dietberg erstaunt.

»Du hast recht, wenn dich das befremdet, denn ein Volk, das seine Sprache verliert, verliert damit auch seine Eigenart und eine ganze Menge von seiner Heimatverbundenheit. Aber gerade das war ja auch das Ziel der Pariser Verwaltung. Frankreich war nie ein einheitliches Land gewesen, sondern seit jeher ein Konglomerat verschiedener Volksgruppen, das von der Pariser Zentralgewalt künstlich geschaffen und zusammengehalten wurde. Und damit das auf Dauer gelingen konnte, mußte eine Einheitssprache gesprochen werden. Doch das erwies sich als ziemlich schwieriges Unterfangen, denn man kann sich natürlich vorstellen, daß ein Volk sich nicht so leicht seine Sprache verbieten läßt. Mein Onkel, der ältere Bruder meiner Mutter, erzählte mir einmal, wie sich dieses Verbot für ihn und seine Mitschüler auswirkte. Das war um 1913, in einer Zeit also, in der es sogar in Deutschland immerhin etwa vierzig Lehrstühle für okzitanische Sprachen gab.«

Pascal nahm sich von der Tapénade, tunkte Weißbrot hinein und aß einen Bissen. Dann erzählte er weiter. »Als mein Onkel zur Schule kam, sprach kaum einer von seiner Klasse französisch. Es war, als hätte man sie in ein fremdes Land geschickt. Jedesmal, wenn ein Schüler das sprach, was der Lehrer ›Dialekt‹ nannte, hängte ihm ein Petzer ein sogenanntes Schandzeichen an, das er dann möglichst schnell wieder loswerden mußte, indem er es einem Kameraden weitergab, der sich seinerseits auf okzitanisch ›vergaß‹. Abends wurde dann der letzte Träger des Schandzeichens streng bestraft.«

»Das finde ich wirklich schlimm«, sagte Judith, und ihr blasses Gesicht wirkte noch etwas blasser. Sie legte Messer und Gabel hin und verbarg ihre zitternden Hände im Schoß.

»Daß Sie hier so etwas erzählen müssen!« fuhr ihn Elisabeth Dietberg an. »Sehen Sie nicht, wie sich das Kind gleich wieder aufregt.«

»Das *Kind,* wie Sie Ihre Tochter nennen, ist eine junge Frau von fünfzehn Jahren«, fuhr Rieke auf. Ihr Atem ging schwer, und ihre Stimme klang sehr ungehalten. »Und wenn Sie Judith nicht immer bevormunden und maßregeln würden, hätte sie auch genug Kraft, dem Leben mutig entgegenzutreten!«

»Heißt das, ausgerechnet Sie wollen mir wegen meiner Erziehung Vorhaltungen machen?« Elisabeth Dietberg sah sie wütend an. »Da würde ich mich an Ihrer Stelle aber erst mal um meine eigenen Angelegenheiten kümmern und meinen Mann erziehen! Nicht genug damit, daß er jede Nacht angetrunken über den Flur torkelt, er treibt sich auch noch mit einer anderen Frau herum!«

»Ich bitte Sie...«, versuchte Madame Constant Elisabeth Dietberg zu beruhigen, aber sie war an ihrem wunden

Punkt getroffen worden und fest entschlossen, es Rieke doppelt und dreifach zurückzuzahlen.

»Ach, das glauben Sie nicht?« Sie sah triumphierend von Madame Constant zu Rieke. »Aber bitte, ich habe ihn selbst gesehen. Drüben am Fluß mit einer jungen Frau. Die Pferde haben sie einfach grasen lassen, während sie sich miteinander vergnügten.«

Rieke hatte zugehört, hatte sich dabei immer wieder ermahnt, ruhigzubleiben und nicht zu zeigen, wie tief sie das verletzte. Sie wollte der Dietberg den Triumph nicht gönnen, sie wollte Fassung und Haltung bewahren, aber sie fühlte, wie ihr die Tränen immer mehr auf die Kehle drückten und sie zu ersticken drohten. Mit zitternden Händen legte sie die Serviette auf den Tisch, stand auf und verließ den Raum. Laura folgte ihr, und plötzlich sprang auch Judith auf und lief mit Tränen in den Augen hinaus.

Laura fand Rieke weinend im Kräutergarten. Sie setzte sich zu ihr, legte ihr einen Arm um die Schultern und streichelte sie.

»Mach dir nichts draus, sie ist eine blöde alte Kuh«, sagte sie.

»Ich weiß, aber ich schäme mich so. Solange es nicht ausgesprochen war, konnte ich noch so tun, als hätte es niemand bemerkt, aber jetzt... jetzt kann ich mir halt nichts mehr vormachen. Scheiße!«

Sie schneuzte sich und legte ihren Kopf an Lauras Schulter. Laura streichelte sie wieder. So saßen sie schweigend da, bis plötzlich ein Auto vorfuhr und dreimal hupte.

Laura sah auf die Uhr. »Himmel, das wird Steffens Taxi sein. Ich muß gehen und mich von ihm verabschieden.«

»Jetzt schon?«

»Sein Zug fährt um 11 Uhr 30, und die Fahrt bis zum Bahnhof in Cavaillon dauert sicher eine dreiviertel Stunde.«

»Begleitest du ihn zum Zug?«

»Nein, wir hassen beide Abschiede am Bahnhof. Wir werden das hier hinter uns bringen. Außerdem sehen wir uns ja in zwei Wochen schon wieder, da werde ich in Köln meine Angelegenheiten regeln.«

Rieke nickte. »Bitte entschuldige mich bei ihm und richte liebe Grüße von mir aus. Und sag ihm, daß es schön war mit ihm in Châteauneuf-du-Pape. Da hatte ich ihn richtig ein bißchen gern.«

Laura lächelte. »Gut, ich werde es ihm sagen.« Sie stand auf und ging.

Kaum war Laura fort, näherten sich leise Schritte. Es war dunkel, fast schon Neumond, und Rieke brauchte einige Zeit, um Judith zu erkennen.

»Darf ich mich zu dir setzen?« fragte das Mädchen schüchtern.

»Ja, komm nur.«

»Es tut mir sehr leid«, sagte sie, setzte sich, legte ihre Hände in den Schoß und senkte den Kopf. »Ich meine, das mit meiner Mutter eben.«

»Ist schon gut. Dafür brauchst du dich nicht zu entschuldigen. Wenn, dann wäre das Sache deiner Mutter.«

»Aber mir ist es auch peinlich. Und wenn sie so ist, dann… dann hasse ich sie manchmal!«

Rieke legte ihren Arm um Judith, fragte: »Hast du denn außer ihr niemanden? Ich meine, was ist mit deinem Vater, mit Geschwistern?«

Judith schüttelte den Kopf. »Früher hatte ich noch den Opa, aber den hat sie rausgeschmissen.«

»Rausgeschmissen?«

Judith nickte. »Bei uns zu Hause ist es nämlich immer ganz sauber, und meine Mutter ist eine ordentliche Frau. Auch sonst, auch im Leben, weißt du. Sie duldet keine Unordnung. Alles hat bei uns seinen Platz. Aber mein Opa war nicht ordentlich, darum hat sie ihn rausgeschmissen. Der hat manchmal richtig schlampig ausgesehen. Unrasiert, und getrunken hat er auch. Aber er hat immer Zeit für mich gehabt. Es war nicht recht, daß sie ihn rausgeschmissen hat. Aber sie mag eben keine Unordnung.«

Rieke drückte das Mädchen fest an sich, und Judith erzählte weiter. »Ich bin auch ordentlich. Mein Zimmer räume ich immer auf, und ich helfe auch im Haushalt mit, weil meine Mutter ja arbeiten geht, seit mein Vater nicht mehr da ist. Mein Vater hat manchmal auch getrunken. Aber ich glaube nicht, daß meine Mutter daran schuld war, obwohl er das manchmal behauptet hat.«

Eine Weile schwieg Judith, dann erzählte sie weiter: »Zum Geburtstag, als ich vierzehn wurde, hat sie mir einen Radiorecorder geschenkt, und von Opa bekam ich zwei Leerkassetten dazu. Eine davon haben wir gleich eingelegt, und er hat mir ein Gedicht draufgesprochen, weil ich das gerne wollte. Opa kannte sehr viele Gedichte und Sprüche, lustige und traurige Sprüche. Und Geschichten hat er mir auch oft erzählt. Geschichten, die er für mich erfunden hatte. Daß wir zusammen zum Mond fliegen würden und was wir dort alles erleben, hat er sich für mich ausgedacht.

Mutter fand das nicht gut. Mutter sagte: Laß mir doch die Judith in Ruhe! Die muß was fürs Leben lernen! Mit solchem Unsinn machst du sie mir nur verrückt! Dann ist Opa aufgestanden und in sein Zimmer gegangen. Aber später kam er meist wieder zurück, hat mir Schokolade neben das Schulheft gelegt oder mir über den Kopf gestreichelt.

Manchmal war Opa traurig, aber er hatte immer Zeit für mich. Mutter hat keine Zeit. Sie muß arbeiten, und dann hat sie ja auch noch den Haushalt, der sie richtig auffrißt. Seit Opa nicht mehr da ist, hat sie nicht mehr ganz so viel zu tun. Man mußte ja immer hinter ihm herräumen, er ließ alles überall liegen. Aber trotzdem war es nicht recht von ihr, ihn rauszuschmeißen. Immerhin war er ja ihr Vater, und ich hatte ihn sehr lieb. Er fehlt mir. Aber Mutter sagt, er hat mir nur den Kopf verdreht mit seinen Geschichten, und er hat einen schlechten Einfluß auf mich gehabt. Ob mein Vater auch einen schlechten Einfluß auf mich hatte?«

Sie sah Rieke fragend an.

»Wie kommst du darauf?«

Judith zuckte mit den Schultern und starrte wieder auf ihre Hände. »Vati war eigentlich immer gut zu mir. Er war nie ungeduldig, er war sehr still und er hat sich wirklich Mühe gegeben, ordentlich zu sein. Auch später, als er dann getrunken hat, war er noch gut zu mir – nur nicht mehr so ordentlich. Mutter hat das sehr geärgert. Mein Vater ist dann in eine andere Stadt gezogen. Damit er uns nicht mehr im Weg ist, hat er gesagt. Ich fand aber gar nicht, daß er mir im Weg war. Vielleicht hätte ich ihm das sagen müssen? Ich weiß nicht, warum ich ihm das nicht gesagt habe, aber ich habe viel geweint, als er weg war.

In der Schule bin ich gut«, sagte Judith, »und mit meinen Klassenkameradinnen versteh' ich mich auch. Obwohl, eine Freundin habe ich nicht. Mit der Gerti war ich eine Zeitlang zusammen. Aber ich durfte sie nicht mit nach Hause bringen, wegen den neuen Möbeln und dem neuen Teppichboden. Der ist ja auch ziemlich empfindlich. Mutter muß ihn jeden Tag absaugen, er bekommt so schnell häßliche Flekken. Jetzt hat die Gerti eine andere Freundin, auch eine aus meiner Klasse.

Manchmal kam ich in die Schule, und da hat die oder die zu mir gesagt: Gestern hab' ich deinen Opa gesehen. Er war mal wieder ziemlich betrunken. Dann hab' ich mich immer sehr geschämt und hab' so getan, als ob mich das gar nicht interessiert. Aber in Wirklichkeit... Opa fehlt mir sehr. Mutter hätte ihn damals nicht rausschmeißen dürfen. Er hatte ja nur uns!

Ich bin dann manchmal zu ihm hingegangen, in das Zimmer, das Mutter für ihn gemietet hat. Es sah immer sehr schlampig aus, überall lag was herum. Als ich zum ersten Mal da war, habe ich mich gleich an die Arbeit gemacht, wollte aufräumen und so. Aber Opa hat gesagt: Kind, laß das. Ich bin froh, daß ich endlich nicht mehr so steril leben muß. Merk dir eins, Judith, hat er gesagt, es ist viel wichtiger, wie aufgeräumt es in deinem Inneren aussieht! Und er nahm mich am Arm und ist mit mir zur Kirmes gegangen.

Sogar Geisterbahn ist er mit mir gefahren, und wir haben viel gelacht.

Geweint haben wir auch einmal zusammen. Ich war sehr erstaunt, daß ein Mann überhaupt weinen kann, denn mein Vater hat nie geweint. Manchmal, wenn ich unglücklich war, dann hab' ich nachts auch geweint. Mutter hat das nie gemerkt, die schläft immer sehr fest, aber mein Opa hat es mitgekriegt, und dann ist er in mein Zimmer gekommen und hat sich an mein Bett gesetzt und hat meine Hand gehalten und war einfach nur da. Dann war ich nicht mehr so traurig, und alles war nicht mehr so schlimm.

Manchmal hat er mir Geschenke auf meinen Schreibtisch gelegt. Nichts Großartiges. Einen hübschen Stein oder eine Karte mit einem Pferd drauf, oder eine neue Kassette, weil er wußte, wie sehr ich Musik mag. Wenn ich Musik höre, bin ich in einer ganz anderen Welt. Dann bin ich ein Vogel, oder ich sitze ganz alleine am Meer und die Sonne scheint nur für mich. Darum finde ich es ganz toll von Mutter, daß sie mir den Radiorecorder geschenkt hat, der hat ja auch bestimmt viel Geld gekostet.

Daß Opa jetzt tot ist, kann ich noch immer nicht glauben. Er fehlt mir so. Mutter hätte ihn nicht wegschicken dürfen! Aber die kann bestimmt nichts dafür, daß er die Schlaftabletten mit dem Schnaps genommen hat.

Mutter sagt, das mit den Schlaftabletten stimmt gar nicht, die Leute müssen nur immer was zum Reden haben. Sie sagt, Opa ist an einem Herzschlag gestorben und vom vielen Trinken. Aber weißt du...« Judith wischte sich mit dem Handrücken die Tränen von den Wangen. »Am Tag vor seinem Tod, da lag sein Taschenmesser mit dem Perlmuttgriff auf meinem Schreibtisch und ein Heft mit Gedichten, die er selbst geschrieben hatte. Das lag da für mich, und am nächsten Tag war er tot.

Ich hatte meinen Opa wirklich sehr lieb. Er war ein guter Mensch. Bestimmt hat er nur so viel getrunken, weil er traurig war, und...« Judith zögerte, sagte dann leise: »Bestimmt ist dein Mann auch bloß traurig gewesen wegen irgendwas und trinkt darum so viel.«

Rieke sah das Mädchen an und versuchte zu lächeln. »Ja«, sagte sie und nickte, »bestimmt ist er auch recht traurig.« Und dann horchten sie beide auf, denn Judiths Mutter rief nach ihr.

Judith schob schnell ihre Hand unter Riekes Hand, und Rieke drückte sie fest. »Danke«, sagte sie. »Danke, daß du mir deine Geschichte erzählt hast. Du hast mir damit sehr geholfen... und es tut mir leid wegen deinem Opa.«

Judith nickte, dann lief sie hinüber zum Haus.

Laura ging zum Fenster und drückte die Fensterläden ganz auf. Draußen in den Krüppeleichen saßen Blaumeisen und vollführten zwitschernd ihre akrobatischen Kunststücke, die ersten Sonnenstrahlen ließen das Wasser im Swimmingpool glitzern, und Paul, der Hausdiener, kämmte den Kies vor dem Haus mit einem großen Rechen. Als er zu ihr heraufsah, bat Laura ihn, ihr Gepäck zum Wagen zu bringen, dann ging sie ins Zimmer zurück, zog ihre Schuhe an, schloß den Koffer und ging hinunter ins Speisezimmer.

Als Madame Constant Laura mit Handtasche und Autoschlüssel sah, sprang sie auf und eilte auf sie zu. »Sie wollen schon fahren, und ganz ohne Frühstück?«

Laura lächelte. »Ich hab' ja nicht weit, und außerdem werde ich mir gleich mein erstes eigenes Frühstück in Frankreich machen.«

Madame Constant nickte. »Ja, ich habe es gehört. Dr. Lenoit hat mir davon erzählt. Ich gratuliere Ihnen und hoffe, Sie ab und zu mal bei mir begrüßen zu dürfen.«

»Ich werde bestimmt einmal kommen. Und vielen herzlichen Dank für alles, es hat mir gut gefallen bei Ihnen!«

Madame Constant küßte sie zum Abschied auf die Wangen. »Ich werde Sie noch hinausbegleiten.«

»Nein, das brauchen Sie wirklich nicht. Wir sehen uns ja bald wieder.«

Laura ging zum Tisch und gab Judith zum Abschied die Hand. Frau Dietberg nickte sie nur zu, dann wandte sie sich wieder an Madame Constant. »Bitte grüßen Sie mir Karen und Theo nochmals.«

»Das werde ich tun.«

»Und wo ist Rieke? War sie noch nicht unten beim Frühstück?«

»Nein, frühstücken wollte sie nicht, aber sie hat eben ihre Rechnung bezahlt und sich von uns allen verabschiedet«, sagte Madame Constant.

»Wieso das denn?« wunderte sich Laura. »Die Leyendekkers wollten doch erst morgen früh abreisen.«

Madame Constant zuckte mit den Schultern. »Madame Rieke und Monsieur Charly haben sich heute nacht anders entschieden, und Monsieur Charly ist bereits heute in den frühen Morgenstunden abgefahren. Aber am besten, Sie fragen Madame Rieke selbst, sie wartet draußen bei Ihrem Wagen auf Sie.«

Laura ging hinaus, und tatsächlich, da stand Rieke neben ihrem Wagen, und neben Rieke stand ein Koffer; und auf dem Koffer lag das Krokodil, das sie ihr zum Geburtstag geschenkt hatte.

Rieke grinste breit, als Laura sie und ihr Gepäck so begriffsstutzig anstarrte und dann fragte, ob sie sie irgendwohin bringen sollte.

»Ja«, sagte Rieke, »so etwa zehn Kilometer Richtung Aix, dann links einen Hügel rauf, dort steht inmitten eines Lavendelfeldes ein altes *mas*, das das wahre Paradies sein soll! Da möcht' ich hin – das heißt«, schränkte sie ein, »falls dein Angebot von vor ein paar Tagen noch steht und du einen Stallburschen für deine zukünftige Pferdezucht brauchen kannst.«

Da begriff Laura endlich. »Und ob mein Angebot noch steht«, sagte sie, und die beiden fielen sich in die Arme. »Aber was ist los, wieso hast du dich so plötzlich anders entschieden?«

»Das erzähl' ich dir später. Laß uns erst losfahren, denn ich hab' inzwischen einen Bärenhunger!«

Laura ging zum Kofferraum, schob Riekes Koffer hinein, schloß ihn und ging ums Auto, um das Verdeck zu öffnen. »Also«, sagte sie dann, »steig ein. Wir fahren zuerst nach Apt, kaufen Baguette, Käse, Kaffee und Milch. Außerdem besuchen wir kurz einen gewissen Dr. Lenoit, damit er uns sagt, wo wir Farbe zum Streichen, ein paar hilfreiche Arbeiter, einen Kühlschrank, Matratzen und Wolldecken auftreiben können. Anschließend besuchen wir dann den Bürgermeister, um uns anzumelden, und kümmern uns um Strom und Wasser, und wir brauchen...«

»...unbedingt Holz für Weidezäune, und einiges an Werkzeug!« fiel ihr Rieke ins Wort.

»Und ein Telefon!«

»Aber nur für den Notfall!«

»Natürlich, wenn wir keine Lust haben, dann ignorieren wir das Ding einfach!«

Laura startete den Wagen, wendete und fuhr los. »Und überhaupt ignorieren wir in Zukunft alles, was uns keinen Spaß macht!« sagte sie.

Rieke war da ganz ihrer Meinung. »Am besten, wir kaufen uns eine Flinte, um ungebetene Gäste zu vertreiben«, schlug sie vor. »Und ein paar Gänse dazu!«

»Wozu brauchen wir Gänse?« fragte Laura erstaunt.

»Na, das sind doch die besten Wachhunde, die's gibt! Sie vertreiben ungebetene Gäste, Pferdediebe und Staubsaugervertreter.«

Laura lachte. »Wie praktisch!« Dann sah sie Rieke an. »Und Charly? Was meint er dazu?«

»Das mit Charly ist geregelt. Ich hab' mich gestern nacht, nachdem mir Judith von ihrem Opa erzählt hatte, mit ihm ausgesprochen.«

»Das verstehe ich nicht.«

»Es ist die traurige Geschichte einer Familie, die sich gegenseitig kaputtgemacht hat. Jedenfalls habe ich plötzlich begriffen, daß unsere Beziehung unwiderruflich zu Ende ist. Außerdem... Charly liebt Marie.«

Laura sah sie erstaunt an. »Du meinst, er liebt sie wirklich, nicht nur im Bett?«

Rieke nickte. »Er war richtig froh, als ich ihn um die Scheidung bat. Er wird Marie mit nach Hause nehmen.«

»Und dein Sohn?«

Rieke schüttelte den Kopf. »Ach Gott, er ist sechzehn, er wird das verkraften. Außerdem können wir uns ja gegenseitig besuchen.«

Eine Weile war es still, dann sah Laura Rieke forschend an. »Tut dir das mit Charly und Marie denn nicht sehr weh?«

»Nein. Vor drei Tagen hätte es mir noch weh getan, aber weißt du... als wir aus Spanien zurückkamen und ich einen Streit mit Charly hatte, da sah er mich plötzlich ganz traurig an und sagte: ›Es tut mir leid, ich habe es versucht, aber ich kann dich einfach nicht lieben.‹ Und seltsam, da konnte ich ihm plötzlich alles verzeihen, das Trinken, seine Frauengeschichten, daß er ewig vor mir floh... da begriff ich, daß er all die Jahre über genauso verzweifelt war wie ich.«

Laura stoppte an der Kreuzung nach Apt und ließ einem Traktor, auf dessen Anhänger eine Gruppe junger Zigeunerinnen saß, die Vorfahrt. Dann bog sie ebenfalls auf die Straße ein, und sie fuhren eine Weile hinter den Zigeunerinnen her. Die Frauen sangen ein fröhliches Lied von einem Mädchen, das von einem jungen Mann gefreit wurde und bald mit Lavendel bekränzt zur Hochzeit gehen sollte. Und als Laura eine Weile später zum Überholen ansetzte, beugte sich eine der Zigeunerinnen lachend vom Wagen und warf Rieke zwei Lavendelsträuße ins Auto.

»Die Lavendelernte scheint angefangen zu haben«, sagte Laura, »die Zigeunerinnen sind billige Arbeitskräfte und werden deshalb gerne von den Bauern eingestellt.« Sie nahm eines der Sträußchen und winkte den dunkeläugigen

Frauen damit zu. »Bonne chance!« rief sie, und die Zigeunerinnen antworteten:

»Bonne chance et beaucoup de plaisir!«

Sie winkten ihnen nach, bis ihr Wagen hinter der nächsten Kurve aus ihrem Blickfeld verschwunden war.